[Mem. 1, detached from the Roll; the lower part eaten away on the right hand side.]

# 𝕷𝖊𝖎𝖗𝖈𝖊𝖘𝖙𝖗𝖎𝖆: 𝕺𝖎𝖈𝖆𝖗𝖎𝖊 𝖔𝖗𝖉𝖎𝖓𝖆𝖙𝖊 𝖆𝖚𝖈𝖙𝖔𝖗𝖎𝖙𝖆𝖙𝖊 𝕮𝖔𝖓𝖈𝖎𝖑𝖎𝖎.

## ECCLESIE PRIORIS ET CANONICORUM DE LANDA
### *( Launde, Leics. ).*

[*William, chaplain, is instituted vicar of Frisby-on-the-Wreak. The vicarage, worth 4 marks, is described.*]

FRISEBY.—Vicaria ecclesie de Friseby consistit in toto altaragio cum manso competente assignando ; et solvet vicarius tantum sinodalia. Willelmus, capellanus, presentatus per Priorem et conventum de Landa ad eandem vicariam, admissus est et vicarius perpetuus institutus, cum onere et pena vicariorum. Et injunctum est Archidiacono Leircestrie, etc. Et valet vicaria iiij marcas.

---

[*The vicarage of Loddington, worth 9 marks, is described.*]

LODINTONE.—Vicarius perpetuus habebit nomine vicarie sue sibi et clerico suo sufficientem exhibitionem victus ad mensam canonicorum ut vicarius secularis, et forragium ad palefridum suum, et prebendam quando ierit ad sinodum et ad capitula, et preterea viginti solidos annuos pro stipendiis. Habebit etiam secundum legatum usque ad summam sex denariorum, et quod ultra erit cum dictis canonicis dimidiabit. Et habebit in quatuor majoribus sollempnitatibus oblationes consuetas, et pro sponsalibus unum denarium, pro corpore presenti unum denarium, et mansum competentem ei assignandum. Ecclesia cum dominico canonicorum valet ix marcas.

---

[*Henry, chaplain, is instituted vicar of Tilton. The vicarage, worth 12 marks, is described.*]

TILTONE.—Vicaria ecclesie de Tiltone consistit in toto altaragio ejusdem ecclesie cum tofto competente assignando, et preterea in dimidia marca annua in certa portione assignanda ; et solvet vicarius sinodalia tantum. Henricus, capellanus, admissus est et vicarius perpetuus institutus. Ecclesia valet xij marcas.

[*The church of Great Dalby belongs to the Convent of Chacomb, Northants., and the vicarage, worth 4 marks, is described.*]

PRIOR ET CONVENTUS DE CHAUCUMBE : DAUBY.—Vicaria consistit in tota altaragio cum manso competente assignando ; et solvet vicarius sinodalia tantum. Totalis ecclesia valet xij marcas ; vicaria valet iiij marcas.

[*The church of Great Peatling belongs to the Prior of Ware, Herts. The vicarage is described.*]

PRIOR DE WARRES : PETLING'.—Vicaria consistit in toto altaragio, et in terra dominica ecclesie cum manso competente assignando ; et solvet vicarius sinodolia tantum.

[*The church of Somerby belongs to the nuns of Langley, Leics. The vicarage, worth 5 marks, is described.*]

PRIORISSA ET MONIALES DE LANGELEGA : SUMEREDEBY.—Vicaria consistit in toto altaragio et in terra dominica ecclesie cum manso competente assignando ; et vicarius solvet sinodalia tantum. Vicaria valet v marcas.

[*The vicarage of Diseworth, also belonging to the nuns of Langley, is described.*]

DIHCESWRDE.—Vicarius perpetuus habebit nomine vicarie sue sibi et clerico suo sufficientem exhibitionem victus ad mensam monialium ut vicarius secularis, et forragium ad palefridum suum, et prebendam quando ierit ad sinodum et capitula, et preterea viginti solidos annuos pro stipendiis. Habebit etiam secundum legatum usque ad summam sex denariorum, et quod ultra erit cum dictis monialibus dimidiabit ; et habebit in majoribus sollempnitatibus oblationes consuetas, et pro sponsalibus unum denarium, pro corpore presenti unum denarium, et mansum competentem ei assignabunt [*added later :*—] quod et jam factum est de manso priorisse et prope ecclesiam.

[*The church of Dunton Bassett belongs to the Convent of Canwell, Staffs. The vicarage is described.*]

PRIORIS ET MONACHORUM DE CANEWELLE : DUNTONE.—Vicarius perpetuus habebit nomine vicarie sue sibi et clerico suo sufficientem exhibitionem victus ad mensam monachorum, etc., ut vicarius proximus supra, scilicet de Dihceswrde cum manso, assignando.

[*The church of Breedon-on-the-Hill, ·with the chapels of Worthington and Stanton Harold, belong to the Convent of St. Oswalds, i.e., Bredon Priory, a cell of St. Oswalds Nostell, Yorks. The vicarage is described.*]

PRIORIS ET CANONICORUM SANCTI OSWALDI : BREDONE CUM CAPELLIS DE WORTHINTONE ET STARTON.—Vicarius perpetuus habebit nomine vicarie sue sibi et duobus capellanis, quos habebit socios, et diacono et duobus clericis suis, sufficientem exhibitionem victus ad mensam canonicorum. Habebit etiam foragium ad palefridum suum et prebendam cum ierit ad sinodum et capitula et preterea quatuor marcas pro stipendiis suis et capellanorum suorum et clericorum; et habebit preterea ipse et capellani sui secundum legatum et consuetas oblationes, et solvet vicarius sinodalia tantum ; canonici autem procurabunt Archidiaconum, et tam dicto vicario quam capellanis suis mansos competentes extra prioratum assignabunt. [*Added later :*—] Johannes capellanus de Dauby admissus est.

----

[*The church of Hinckley belongs to the Convent of Lyre, Normandy. The vicarage is described.*]

ABBATIS ET CONVENTUS DE LIRA : HINKLEIA.—Vicarius perpetuus habebit nomine vicarie sue sibi et capellano suo, quem habebit socium, et diacono et clerico suo, sufficientem exhibitionem victus ad mensam monachorum ; et habebit tres marcas pro stipendiis suis et capellani sui et clericorum, et foragium ad palefridum suum et prebendam cum ierit ad [sino]dum et capitula ; et habebit ipse et capellanus suus secundum legatum et oblationes consuetas et mansos competentes extra prioratum assig[nandos] et solvet vicarius synodalia tantum. Robertus de Hinkeleia, capellanus, admissus est, etc.

----

[*The church of Owston belongs to the Convent of Owston. The vicarage is described.*]

ABBATIS ET CONVENTUS DE OSULVESTONE : OSULVESTONE. —Vicarius perpetuus habebit nomine vicarie sue sibi et diacono suo sufficientem exhibitionem victus ad mensam canonicorum et habebit viginti solidos pro stipendiis suis et diaconi, et foragium ad palefridum suum, et prebendam cum ierit ad sinodum et capitula, et secundum legatum rationabile et oblationes consuetas cum manso competente extra portam abbatie assignando ; et solvet sinodalia tantum.

T 2

[*The church of Wymeswold belongs to the Convent of Beauchief, Derbys., Nicholas, chaplain, is instituted vicar. The vicarage is described.*]

ABBATIS ET CONVENTUS DE BELLO CAPITE : WYMUNDES-WALDE.—Nicholaus, capellanus, presentatus per Abbatem et conventum de Bello Capite ad perpetuam vicariam ecclesie de Wymundeswalde, ordinatam auctoritate Concilii et de consensu dictorum Abbatis et conventus per dominum Episcopum, facta prius inquisitione per Officialem Leircestrie, etc., et Archidiaconis de Cestria et de Dereby perhibentibus per litteras suas patentes testimonium super ordinatione et honesta conversatione ipsius capellani, admissus est et in ea perpetuus vicarius institutus, cum onere et pena vicariorum.   Et consistit illa vicaria in omnibus oblationibus altaris, que valent secundum communem estimationem annuatim quinquaginta quinque solidos et quatuor denarios et in decimis de albo valentibus septem solidos et decem denarios, et in decimis pullorum, vitulorum, purcellorum, aucarum et pomorum, valentibus per annum decem solidos [et . . .]¹ denarios, et in decima lini valente per annum dimidiam marcam, et habebit vicarius toftum quod Johannes vicarius [. . . . . . .] . . . . .¹ solvet synodalia tantum.   Et injunctum est Officiali presenti, etc.

---

[*The church of Barkestone, belonging to the Convent of Belvoir, Lincs., is worth 18 marks. The vicarage is described, and is worth 4 marks.*]

PRIORIS ET CONVENTUS DE BELVERO : BARKSTONE.—Ecclesia de Barkestone valet decem et octo marcas.   Vicarius perpetuus habebit nomine vicarie sue totum altaragium . . . . . . . . . . . .¹ insuper a Priore et conventu de Belvero per annum tres summas frumenti pacabilis ad festum sancti Michaelis . . . . . . . . . . . . . . . . . .¹ vicaria valet quatuor marcas.   [*In the margin :*—] Mansum non est assignatum.

---

[*The vicarage of Swinford.*]

————.—Vicaria de Swineforde ordinata est per dominum Episcopum de consensu R. de Diva, Prioris Fratrum hospitalis . . . . . . . . . . . .¹ in rotulo Leicestrie de institutionibus anni xvjᵐⁱ continetur.

---

[*The church of Plungar is worth 10 marks. The vicarage is described, and is worth 3 marks.*]

PLUNGARE.—Ecclesia de Plungare valet decem marcas.

---

¹ Torn away.

Vicarius perpetuus habebit totum altaragium preter principale legatum per . . . . . . . . . . . . . . . .[1] conventum duas summas frumenti pacabilis ad festum Sancti Michaelis. Vicaria valet tres marcas. Vicarius autem solvet . . . . . . . . . .[1] [*In the margin :*] Mansum non est assignatum.

---

[*The church of Claxton is worth 30 marks. The vicarage is described, and is worth 5 marks.*]

CLASTONE.—Ecclesia de Clastone valet triginta marcas. Vicarius perpetuus habebit totum altaragium preter principale legatum, reddendo inde d . . . . . . .[1] marcas annuas, et solvet synodalia tantum. Vicaria valet quinque marcas.

---

[*The church of Hose is worth 14 marks and a half. The vicarage is described.*]

HOWES.—Ecclesia de Howes valet quatuordecim marcas et dimidiam. Vicarius perpetuus habebit totum altaragium preter principale legatum . . . . . . . . .[1] summas frumenti pacabilis ad festum Sancti Michaelis a dictis Priore et conventu, et solvet synodalia tantum. Vicaria valet tres . . . . . . .[1] [*In the margin :*] Mansum non est assignatum.

---

[*The church of Horninghold is worth 5 marks.*]

HORDINGEWALDE.—Ecclesia de Hordingewalde valet quinque marcas. Vicarius . . . . . . . . . . . . . . . . . . . . .[1] [pa]cabilis a dictis Priore et conventu ad festum Sancti Michaelis . . . . . . . . . . . . . . . . . . . . . . . .[1] [*In the margin :*—] Mansum non est assignatum.

[*The church of Ashby.*]

Abbatis et conventus . . . . . . .[1]

ESSEBY.—Vicarius cum clerico suo erunt [*sic*] ad mensam canonicorum . . . . . . . . . . . . . . . . . . . . . . . . . . . . .[1] habebit xx[ti] solidos pro stipendiis et preterea secundum . . . . . . . . . . . . . . . . . . . . . . . . .[1] et alia onera ejusdem ecclesie debita et consueta . . . . . . . . . . . . . . . . . . . . . . . . . .[1] . . . . . . .[1]

---

[1] Torn away.

[Mem. 2.]

# Archidiaconatus Leircestrie.

## ANNUS XI.

[*Robert, clerk, nephew of Stephen de Segrava, presented by the Proctor of the Earl of Winchester, is instituted to the church of Syston.*]

SIDESTONE.—Robertus, clericus, nepos Stephani de Segrava, presentatus per procuratorem Comitis Wintonie ad ecclesiam de Sidhestone, facta prius inquisitione per Magistrum R., Officialem Archidiaconi Leircestrie, et [*blank*] de Tebauville mortuo qui eam tenuit, per que negotium fuit in expedito, ad eandem est admissus et in ea canonice persona institutus. Et mandatum est dicto Officiali quod prefatum Robertum in corporalem dicte ecclesie possessionem inducat. Injunctum est autem ipsi clerico quod scolas frequentet, et partes suas addiscat, et usum cantandi in ecclesia exerceat, ita quod ad festum Sancti Michaelis veniat ad dominum Episcopum tunc examinandus qualiter in scolis prefecerit ; et si dominus Episcopus bonam spem de eo conceperit, beneficium suum retineat ; sin autem illud amittat.

---

[*Barjonas, chaplain, and vicar of Lowesby, presented by the Preceptor of the Order of St. Lazarus, is instituted to the same church.*]

LOUSEBY.—Barionas, capellanus, qui fuit vicarius ecclesie de Louseby, presentatus per Preceptorem elemosinarum fratrum et pauperum Hospitalis Sancti Lazari ad ecclesiam prefatam de Louseby, ad eandem ecclesiam est admissus, et in ea canonice persona institutus. Et injunctum est Magistro R., Officiali Archidiaconi Leircestrie, presenti, ut ipsum in corporalem illius ecclesie possessionem inducat.

---

[*Roger de Scarneforde, clerk, presented by the Prior and Convent of Kirkby, Warwicks., is instituted to the church of Sharnford. The ancient pension of 4 marks is reserved to the Convent.*]

SCARNEFORDE.—Rogerus de Scarneforde, clericus, presentatus per Priorem et conventum de Kirkeby ad ecclesiam de Scarneforde, facta prius inquisitione per R., Archidiaconum Huntingdonie, Officialem domini Episcopi, admissus est et in eadem institutus, cum onere eidem personaliter deserviendi, et ad proximos ordines veniendi ut in sacerdotem promoveatur ; salva eis debita et antiqua pensione que est iiij$^{or}$ marcarum ut dicitur. Et mandatum est Officiali Archidiaconi Leircestrie quod secundum formam premissam, etc.

———

[*Thomas de Lullingtone, clerk, presented by the Preceptor of the Order of St. Lazarus, is instituted to the church of Gaulby.*]

GAUBY.—Thomas de Lullingtone, clericus, presentatus per Preceptorem et fratres elemosinarum Sancti Lazari in Anglia ad ecclesiam de Gauby, facta prius inquisitione per Magistrum R., Officialem Archidiaconi Leircestrie, per quam, etc., admissus est et in ea canonice persona institutus. Et injunctum est Officiali Leircestrie, etc.

———

[*Roger de Sibbedesdone, chaplain, presented by the Abbot and Convent of Ivry, Normandy, is instituted to the church of Witherley.*]

WYTHERELEIA.—Rogerus de Sibbedesdone, capellanus, presentatus per Abbatem et conventum de Ibreio ad ecclesiam de Wythereleie, facta prius inquisitione per Magistrum R., Officialem Archidiaconi Leircestrie per quam, etc., admissus est et in ea canonice persona institutus. Et mandatum est dicto Officiali, etc. [*In the margin :*—] debet nobis facere habere litteras presentationis et inquisitionis.

———

[*Adam, chaplain, is instituted to the church of Kimcote. The vicarage is reserved to W. de Scaveneby.*]

KYNEMUNDESCOTE.—Adam, capellanus, cui dominus Episcopus ecclesiam de Kynemundescote contulit auctoritate Concilii ad eandem ecclesiam est admissus et in ea canonice persona institutus ; salva Magistro W. de Scaveneby vicaria sua quam habet in eadem. Et mandatum est Officiali Archidiaconi Leircestrie quod, etc.

———

[*Peter de Saubiri, clerk, presented by the Abbot and Convent of St. Pierre sur Dives, is instituted to the church of Houghton-on-the-Hill.*]

HOGHTONE.—Petrus de Saubiri, clericus, presentatus per Abbatem et conventum Sancti Petri super Dyvam ad ecclesiam de Hoghtone, facta prius inquisitione per R., Archidiaconum Huntingdonie, Officialem domini Lincolniensis, per quam, etc., admissus est et in ea canonice persona institutus. Et mandatum est Officiali Archidiaconi Leircestrie, etc.

[*Nicholas, clerk, presented by the Abbot and Convent of Croyland, is instituted to the church of Beeby. The ancient pension is reserved to the monks.*]

BEBY.—Nicholaus, clericus, presentatus per Abbatem et conventum de Croylande ad ecclesiam de Beby, facta prius inquisitione per Officialem Archidiaconi Leircestrie, per quam, etc., admissus est et in ea canonice persona institutus ; salva dictis monachis antiqua et debita pensione. Et injunctum est dicto Officiali ut ipsum, etc. Subdiaconus est.

[*Thomas de Verdune, clerk, presented by Robert de Garshale and Roland de Verdun, is instituted to the church of Ibstock.*]

YBESTOKES.—Thomas de Verdune, clericus, presentatus per Robertum de Garshale et Roelandum de Verdun ad ecclesiam de Ybestokes, facta prius inquisitione per R., Archidiaconum Leircestrie, per quam negotium fuit in expedito, admissus est et in ea canonice persona institutus. Et mandatum est Archidiacono quod ipsum in corporalem, etc. ; et injunctum clerico ut ad proximos ordines veniat in subdiaconum ordinandus.

### ANNUS DUODECIMUS. LEIRCESTRIA.

[*Ralph de Lunforde, clerk, presented by the Prior of Ware, Herts, is instituted to the church of Noseley.*]

NOVESLEIA.—Radulfus de Lunforde, clericus, presentatus per Priorem de Warra ad ecclesiam de Novesleia, facta prius inquisitione per R., Archidiaconum Leircestrie, per quam negotium fuit in expedito, admissus est et in ea canonice persona institutus. Et mandatum est predicto Archidiacono, etc.

[*Matthew Sarracenus, presented by Oliver Sarracenus, is instituted to the church of Shakerston.*]

SACRESTONE.—Matheus Sarracenus presentatus per Oliverum Sarracenum ad ecclesiam de Sacrestone, facta prius inquisitione per R., Archidiaconum Leircestrie, per quam, etc., admissus est et in ea canonice persona institutus, cum pena incontinentibus inflicta. Et mandatum est dicto Archidiacono, etc.

[*Geoffrey de Eketone, clerk, presented by Robert de Campania, is instituted to the church of Thurlaston, in succession to Henry de Campania.*]

TURLISTONE.—Galfridus de Eketone, clericus, presentatus per Robertum de Campania ad ecclesiam de Turlistone, vacantem eo quod Henricus de Campania, clericus, proximo persona in eadem post Concilium ad ecclesiam de Eketone est admissus et in ea persona institutus, facta prius per Archidiaconum Leircestrie inquisitione, per quam, etc., admissus est et in ea canonice persona institutus, cum pena incontinentibus inflicta. Injunctum est etiam ei ut ad proximos ordines veniat in subdiaconum ordinandus, et quod ad officium ecclesie sue idoneum inveniat cappellanum. Et mandatum est dicto Archidiacono quod secundum formam premissam, etc.

---

[*William, chaplain, presented by the Prioress and Nuns of Catesby, Northants., is instituted vicar of Ashby Magna. The vicarage is described.*]

VICARIA DE ESSEBI ORDINATA AUCTORITATE CONCILII.— Willelmus, cappellanus, presentatus per Priorissam et moniales de Kateby ad vicariam de Esseby, facta prius inquisitione per Archidiaconum Leircestrie, etc., admissus est et vicarius perpetuus institutus. Et habebit sibi et clerico suo nomine vicarie sue totum altaragium ipsius ecclesie, et unum quartarium frumenti et alium de ordeo annuatim, et forragium ad palefridum suum, et solvet sinodalia. Mansum nondum fuit assignatum. Et injunctum est Officiali ad ord[ines] Leircestrie, etc.

---

[*Ralph de Kirketone, clerk, presented by the Prior and Convent of Launde, after a dispute about the patronage, is instituted to the church of Oadby.*]

HOUTHEBY.—Magister Radulfus de Kirketone, clericus, presentatus per Priorem et conventum de Landa ad ecclesiam de Houteby, facta prius inquisitione per R., Archidiaconum Leircestrie, etc., et susceptis litteris domini Regis quod Prior de Landa recuperavit advocationem ejusdem ecclesie versus Sibillam, filiam Sawal', per assisam ultime presentationis in curia domini Regis, etc., admissus est et persona institutus. Et mandatum est dicto Archidiacono, etc.

---

*Roger de Sudfolke, clerk, presented by the Prior and Convent of Belvoir, Lincs., is instituted to the church of Redmile. The ancient pension is reserved to the monks.*]

REMILDE.—Rogerus de Sudfolke, clericus, presentatus per Priorem et conventum de Belvero ad ecclesiam de Remilde, facta prius inquisitione per R., Archidiaconum Leircestrie, etc., admissus est et persona institutus ; salva dictis monachis de eadem ecclesia debita et antiqua pensione.   Et mandatum est Officiali Leircestrie, etc.   Littere presentationis sunt in scriniis domini mei.

[*On the dorse :—*]

ANNUS XII<sup>us.</sup>

[*The custody of the church of Redmile is committed to Roger de Sudfolke.*]

REMILDE.—Custodia ecclesie de Remilde commissa est Rogero de Sudfolke, clerico, ad eam per monachos de Belvero presentato.

ANNUS TERTIUSDECIMUS.

[*On the face :—*]

[*Richard Arundel, presented by the Prior of the Hospital of St. John of Jerusalem in England, is instituted to the church of Heather.*]

ETHRE.—Ricardus Arundel presentatus per Fratrem R. de Diva, Priorem fratrum Hospitalis Jerosolamitani in Anglia ad ecclesiam de Ethre, facta prius inquisitione per Archidiaconum Leircestrie per quam, etc., admissus est et in ea canonice persona institutus, cum onere residendi in eadem, et eidem in officio sacerdotali deserviendi, cui injunctum est ut ad mandatum domini Episcopi veniat ordinandus de ordine in ordinem donec sit presbiter.   Et mandatum est Archidiacono Leircestrie, etc.

[*Walter de Horkestowa, chaplain, presented by the Prior and Convent of Drax, Yorks., is instituted to the church of Saltby.*]

SALTEBY.—Walterus de Horkestowa, cappellanus, presentatus per Priorem et Conventum de Drax ad ecclesiam de Salteby, facta prius inquisitione per R., Archidiaconum Leircestrie, etc., admissus est et in ea canonice persona institutus.   Et mandatum est dicto Archidiacono, etc.

[*William de Wudetone, presented by Nicholas de Verdun, is instituted to the church of Belton.*]

BELETONE.—Willelmus de Wudetone, presentatus per Nicholaum de Verdun ad ecclesiam de Beletone, facta prius inquisitione per R., Archidiaconum Leircestrie, per quam, etc., admissus est et in ea canonice persona institutus.   Et quia minus sufficienter erat litteratus injunxit ei dominus Episcopus sub debito obedientie facte

quod scolas exerceat et quod a festo Sancti Michaelis anno pontificatus sui xiij° in annum veniat ad ipsum dominum Episcopum
examinandus, ut scire possit qualiter profecerit in scolis ; alioquin
ipsum jam dicta ecclesia de Beletone per sententiam jam latam
privavit. Et mandatum dicto Archidiacono Leircestrie quatinus
ipsum in corporalem ejusdem ecclesie possessionem juxta formam
premissam inducens, provideat quod dicta ecclesia per idoneum
cappellanum interim officietur.

-----

[*William de Verdun, clerk, presented by Nicholas de Verdun, is instituted to the
church of Market Bosworth.*]

BOSEWRDE.—Willelmus de Verdone, clericus, presentatus per
dominum Nicholaum de Verdone ad ecclesiam de Bosewrdhe, facta
prius inquisitione per Archidiaconum Leircestrie, etc., admissus est
et persona institutus, cum onere ad proximos ordines post festum
Sancti Michaelis anno pontificatus domini Episcopi xiij° veniendi,
ut tunc in subdiaconum ordinetur. Et injunctum est Officiali
Archidiaconi Leircestrie.

-----

[*Hugh de Paxtone, clerk, presented by Hugh de Haringtone, is instituted to the
church of Glooston.*]

GLORESTONE.—Hugo de Paxtone, clericus, presentatus per
Hugonem de Haringtone, militem, ad ecclesiam de Glorestone,
facta prius inquisitione per Archidiaconum Leircestrie, etc., admissus est et persona institutus, cum onere ad proximos ordines
veniendi et in eadem ecclesia in officio sacerdotali deserviendi.
Injunctum est autem eidem, sub debito obedientie prestite quod
scolas frequentet donec sufficientius sit litteratus, alioquin eadem
ecclesia privabitur. Et injunctum est Archidiacono presenti, etc.

-----

[*Hugh Dispensarius, clerk, presented by Hugh Dispensarius, guardian of the
heir of Henry Mallore, is instituted to a parsonage of 2 marks and a half in
the church of Walton-le-Wolds.*]

WALETONE.—Hugo Dispensarius, clericus, presentatus per
Hugonem Dispensarium, militem, ratione custodie terre et heredis
Henrici Mallore ad personatum duarum marcarum et dimidie in
ecclesia de Waletone, facta prius inquisitione per Archidiaconum
Leircestrie, etc., admissus est cum onere veniendi ad proximos
ordines ante Natale celebrandos ut in accolitum ordinetur. In-

junxit etiam dominus Episcopus sub debito prestiti juramenti quod scolas frequentet continue et addiscat. Et mandatum Archidiacono Leircestrie quod secundum formam premissam, etc. [*Added later :—*] Postea date sunt inducie veniendi ad ordines proximos post Natale.

———

[*William de Wudetone, presented by Nicholas de Verdun, is instituted to the church of Belton.*]

BELETONE.—Willelmus de Wudetone, presentatus per Nicholaum de Verdun ad ecclesiam de Beletone, facta prius inquisitione per Archidiaconum Leircestrie per quam, etc., admissus est, et in ea canonice persona institutus. Et quia minus sufficienter erat litteratus injunxit ei dominus Episcopus post obedientiam factam, sub debito prestiti juramenti, quod scolas exerceat, et quod a festo Sancti Michaelis anno pontificatus sui xiij° in annum veniat ad ipsum dominum Episcopum examinandus ut scire possit qualiter in scolis profecerit, alioquin ipsum jam dicta ecclesia per sententiam jam latam privavit. Et mandatum est dicto Archidiacono Leircestrie quatinus ipsum in corporalem ejusdem ecclesie possessionem juxta formam premissam inducens, provideat quod dicta ecclesia per idoneum capellanum interim officietur.

———

[Mem. 3.]

[*Simon, chaplain, presented by Nicholas de Verdun, is instituted to the church of Lutterworth. A pension of three marks is reserved to the Hospital of St. John at Lutterworth.*]

LUTTREWRDE.—Magister Simon, cappellanus, presentatus per dominum Nicholaum de Verdun ad ecclesiam de Luttrewrde, facta prius inquisitione per R., Officialem Leircestrie, etc., admissus est et in eadem canonice persona institutus ; salvis domui Hospitalis Sancti Johannis de Luttrewrde tribus marcis annuis per manus persone ejusdem ecclesie percipiendis, quas dominus Episcopus de consensu capituli sui et voluntate dicti Nicholai, patroni ipsius ecclesie, eidem domui sic confirmavit.

———

[*William de Neptone, clerk, presented by Margaret de Blaby, is instituted to a mediety in the church of Misterton. A vicarage, which is described, is reserved to William de Blaculvesl'.*]

MUSTERTONE SUPER MEDIETATE ECCLESIE.—Willelmus de Neptone, clericus, presentatus per dominam Margaretam de Blaby

ad medietatem ecclesie de Mustertone, facta prius inquisitione per
R., Officialem Leircestrie, admissus est et in ea canonice persona
institutus ; salva Willelmo de Blaculvesl', cappellano, vicaria sua
quam ad presentationem dicti Willelmi de Neptone, persone, et de
consensu prefate Margarete, patrone, habet in eadem ; qui vicarius,
nomine vicarie sue totam medietatem illius ecclesie tenebit, reddendo inde dicto Willelmo de Neptone tanquam persone tres
marcas annuas nomine pensionis, scilicet viginti solidos ad Pascha
et viginti solidos ad festum Sancti Michaelis. Et injunctum est
Officiali presenti, etc. Abbas autem et conventus de Crokesdene,
qui prius vendicaverunt sibi jus in eadem medietate, renuntiaverunt
per litteras suas patentes eidem juri, protestantes in eisdem litteris
se reddidisse domine Margarete cartam suam quam eis super eadem
patronatu confecerat.

_____

*[William, chaplain, presented by the Abbot and Convent of Leicester, is instituted
vicar of St. Nicholas, Leicester. The vicarage is described.]*

VICARIA ECCLESIE SANCTI NICHOLAI LEIRCESTRIE.—
Willelmus, cappellanus, presentatus per Abbatem et conventum
de Leircestria ad perpetuam vicariam ecclesie Sancti Nicholai in
Leircestria, que consistit in corredio cotidiano unius canonici et
unius scutarii ad opus clerici sui, et in viginti solidis annuis pro
stipendiis suis, admissus est et in ea perpetuus vicarius institutus.
Et taxata est illa vicaria per dominum Episcopum. Nec habemus
inde litteras inquisitionis.

_____

*[Robert, chaplain, presented by the Abbot and Convent of Leicester, is instituted to
the church of St. Peter, Leicester.]*

ECCLESIA BEATI PETRI LEIRCESTRIE.—Robertus, cappellanus,
presentatus per Abbatem et conventum de Leircestria ad ecclesiam
Sancti Petri in Leircestria, facta prius inquisitione per Officialem
Leircestrie, etc., per quam, etc., ad eandem admissus est, etc. Non
habemus litteras inquisitionis nisi vivam vocem Officialis. Non
habemus litteras presentationis.

_____

*[William de Eytone, chaplain, presented by the Abbot and Convent of Leicester, is
instituted vicar of St. Michael's, Leicester.]*

VICARIA SANCTI MICHAELIS LEICESTRIE.—Willelmus de
Eytone, cappellanus, presentatus per Abbatem et conventum
Leircestrie ad perpetuam vicariam ecclesie Sancti Michaelis in

Leircestria, taxatam per dominum Episcopum auctoritate Concilii, ad eandem admissus est, etc. Habebit autem nomine vicarie sue singulis diebus de abbacia Leircestrie, unum corredium canonici ad opus suum et corredium scutarii ad opus clerici sui, et viginti solidos pro stipendiis. Non habemus litteras presentationis nec inquisitionis nisi vivam vocem Officialis.

----

[*Nicholas, chaplain, presented by the aforesaid Abbot and Convent, is instituted vicar of St. Clement's, Leicester.*]

VICARIA SANCTI CLEMENTIS IBIDEM.—Nicholaus, cappellanus, presentatus per predictos Abbatem et conventum ad perpetuam vicariam Sancti Clementis in Leircestria, taxatam per dominum Episcopum auctoritate Concilii, ad eandem admissus est, etc. Et habebit nomine vicarie sue unum corredium, etc., ut supra in institutione proxima. Et injunctum est Officiali, etc. Non habemus, etc.

----

[*William, chaplain, presented by the aforesaid Abbot and Convent, is instituted vicar of All Saints', Leicester.*]

VICARIA OMNIUM SANCTORUM IBIDEM.—Willelmus, cappellanus, presentatus per predictos Abbatem et conventum ad perpetuam vicariam Omnium Sanctorum in Leircestria, taxatam etc., admissus est, etc. Et habebit, etc., ut supra Sancti Michaelis. Et injunctum est Officiali, etc. Nec habemus, etc.

----

[*On the dorse of mem. 2 :—*]

### ANNUS XIII[us.]

[*Ralph de Tureville, clerk, is entrusted with a portion of the church of Loughborough. He will be instituted when more proficient in learning.*]

LUCTELEBURI.—Commissa est custodia pensionis trium marcarum ecclesie de Lucteleburi Radulfo de Tureville, clerico, ad eam per Hugonem Dispensarium presentato, usque ad festum Sancti Michaelis anno pontificatus domini Episcopi xiiij°. Ita quod interim dictus Radulfus addiscat in scolis, et ad proximos ordines ante dictum festum Sancti Michaelis ad dominum Episcopum veniat examinandus, ut si in scolis tantum tunc profecerit, quod dignus sit ad illam pensionem admitti, admittatur; sin autem dicta custodia privetur. Et mandatum est Archidiacono Leircestrie.

*[Simon, chaplain, presented by Nicholas de Verdun, is to have the charge of the church of Lutterworth, pending inquiries regarding his fitness. A pension of 3 marks is granted to the Hospital at Lutterworth.]*

LUTERWRDE.—Simoni, capellano, presentato ad ecclesiam de Luterwrde per dominum Nicholaum de Verdun, commissa est custodia ejusdem. Et mandatum est Archidiacono Leircestrie, etc., et ut interim inquirat de ordine, vita, moribus, conversatione ejus, etc. Et concessit dominus Episcopus Hospitali de Luterwrde tres marcas nomine perpetui beneficii de eadem ecclesia percipiendas per manum ejus qui pro tempore ipsius ecclesie persona fuerit.

———

*[Thomas de Verdun, clerk, is entrusted with the charge of the church of Ibstock.]*

IBBESTOKE.—Thome de Verdun, clerico, prius renuntianti juri quod habuit in ecclesia Bosworthie, ad quam fuit presentatus, commissa est custodia ecclesie de Ibbestoke die dominica proxima ante festum Sancti Michaelis anno pontificatus domini Episcopi anno (*sic*) tertiodecimo.

———

*[Walter de Clintone, presented by Nicholas de Verdun, is entrusted with the charge of the church of Goadby Marwood. He is to study for 7 years under a master approved by the Bishop.]*

GODESBETH.—Waltero de Clintone, clerico, ad ecclesiam de Godesbeth per Nicholaum de Verdun presentato, commissa est custodia ejusdem ecclesie, ita quod dictus Walterus per septennium proximo sequens habeat magistrum continue in scolis de quo addiscat, et qui omnes fructus ecclesie prefate percipiat, et ipsi Waltero de prefata ecclesia necessaria inveniat in scolis per dictum septennium. Et presentabit dominus Nicholaus de Verdun ipsum magistrum domino Episcopo in proximo adventu suo apud Leircestriam post festum Sancti Nicholai. Et injunctum est Officiali Leircestrie.

———

## ANNUS QUARTUSDECIMUS.

[Mem. 3.]

*[John de Bradel', clerk, presented by the Prior and Convent of Lenton, Notts., is instituted to the church of Nether Broughton. A pension of 30 shillings, by grant of the bishop, is reserved to the Convent.]*

BROCTONE.—Johannes de Bradel', clericus, presentatus per Priorem et conventum de Lentone ad ecclesiam de Broctone, facta prius inquisitione per Archidiaconum Leircestrie, etc., admissus est et persona institutus ; salva dictis Priori et conventui possessione pensionis triginta solidorum, quam possessionem dominus Episcopus de gratia sua concessit eisdem percipiendam quam diu domino Episcopo placuerit. Et mandatum est Archidiacono Leircestrie, etc. Prefatus etiam Prior litteras suas patentes dicto domino Episcopo fecit, in quibus in verbo Dei promisit pro se et pro conventu suo quod nunquam aliquid juris vendicabit in illa pensione, nisi id quod de gratia domini Episcopi inde poterunt consequi, vel nisi eadem pensio eis per eundem Episcopum sententialiter fuerit adjudicata. Iidem vero Prior et conventus, appellatione et contradictione remotis, subjecerunt se jurisdictioni ipsius Episcopi ad gratiam suam vel sententiam inde recipiendam. Et faciet idem Prior habere domino Episcopo litteras patentes conventus sui conceptas in forma litterarum predictarum dicti Prioris. [*In the margin :*—] Littere Prioris de Lentone sunt in scriniis domini Episcopi.

---

[*Henry de Estone, clerk, presented by the Prior and Convent of Tutbury, Staffs., is instituted to the church of Stapleford.*]

ESTAPELFORDE.—Henricus de Estone, clericus, presentatus per Priorem et conventum de Tutesbiri ad ecclesiam de Estapelforde, facta prius inquisitione per Archidiaconum Leircestrie, etc., admissus est et persona institutus, cui sub debito juramenti injunctum est ut frequentet scolas. Alioquin, etc. Et mandatum est Archidiacono Leircestrie, etc.

---

[*Nicholas de Sancta Brigida, chaplain, presented by the Abbot and Convent of Leicester, is instituted vicar of Lockington. A pension of 4 marks is reserved to the convent.*]

LOKINTONE VICARIA.—Nicholaus de Sancta Brigida, capellanus, presentatus per Abbatem et conventum de Leircestria ad perpetuam vicariam ecclesie de Lokintone, facta prius inquisitione per Officialem Leircestrie, admissus est et vicarius perpetuus institutus, cum onere et pena vicariorum ; salvis dicti Abbati et conventui quatuor marcis annuis de eadem vicaria per manus ipsius Nicholai et successorum suorum percipiendis. Et mandatum est Archidiacono Leircestrie quod ipsum in corporalem ejusdem vicarie inducat possessionem, et quod mansum competens eidem vicarie faciat assignari.

[*Henry Curlevache, clerk, presented by Robert de Campania, is instituted to the church of Thurlaston.*]

TURLESTONE.—Henricus Curlevache, clericus, presentatus per Robertum de Campania, militem, ad ecclesiam de Turlestone, facta prius inquisitione per R., Archidiaconum Leircestrie, per quam, etc., admissus est et in ea canonice persona institutus. Et injunctum est Archidiacono presenti ut, etc. [*In the margin :*—] Non habemus litteras inquisitionis.

---

[*Roger de Hobi, presented by the Abbot and Convent of Leicester, is instituted to the church of North Kilworth. The ancient pension is reserved to the Convent.*]

KYVELINGEWRTHE.—Magister Rogerus de Hobi, presentatus per Abbatem et conventum de Leicestria ad ecclesiam de Kyvelingewrthe, facta prius inquisitione per R., Archidiaconum Leircestrie, etc., admissus est ; salva dictis Abbati et conventui debita et antiqua pensione. Et mandatum est Archidiacono Leircestrie, etc.

---

[*Baldric, sub-deacon, presented by Adam de Bugmenistre, is instituted parson of the church of Buckminster. The vicarage is reserved to Geoffrey, chaplain.*]

BUGMENISTRE.—Octavo kalendas Octobris Baldricus, subdiaconus, presentatus per Adam de Bugmenistre, militem, ad personatum ecclesie de Bugminstre, facta prius inquisitione per Archidiaconum Leircestrie, etc., admissus est et in ea persona canonice institutus ; salva Galfrido capellano, perpetua vicaria sua quam habet in eadem, qui totam illam tenebit quoad vixerit, solvendo de ea dicto Baldrico sex marcas annuas nomine pensionis. Et injunctum est Officiali, etc.

---

[*Philip de Langeport, sub-deacon, presented by the Abbot and Convent of Merevale, Warws., is instituted to the church of Orton-on-the-Hill.*]

OVERTONA.—Tertio kalendas Novembris Philippus de Langeport, subdiaconus, presentatus per Abbatem et conventum de Miravalle ad ecclesiam de Overtone, facta prius inquisitione per R., Archidiaconum Leircestrie, etc., admissus est ad eandem cum omnibus pertinentiis suis, et in ea canonice persona institutus, salva ordinatione domini Episcopi. Et mandatum est dicto Archidiacono quod, etc.

*[Peter de Cumphleys, clerk, presented by the Abbot and Convent of Leicester, is in-
stituted to the church of Harston. The ancient pension is reserved to the
Convent.]*

HARESTAN.—Idibus Decembris Petrus de Cumphleys, clericus,
presentatus per Abbatem et conventum Leircestrie ad ecclesiam
de Harestan, facta prius inquisitione per R., Archidiaconum Leircestrie, per quam, etc., admissus est et in ea canonice persona institutus ; salva dictis Abbati et conventui de eadem ecclesia debita
et antiqua pensione. Et injunctum est ei quod ad proximos
ordines domini Episcopi post Natale Domini anno pontificatus sui
quintodecimo veniat in subdiaconum ordinandus. Et mandatum
est dicto Archidiacono quod, etc. *[Added later :—]* Ordinatus est.

*[On the dorse :—]*

*[Gervasius, sub-prior of St. Oswalds, Nostell, Yorks., is admitted to the cell of
Bredon.]*

Anno pontificatus domini Episcopi xiiij°, iij kalendas Augusti
apud Dorkecestriam in cappella circa horam diei primam, Gervasius, Supprior Sancti Oswaldi de Nostle, presentatus domino
Episcopo per Priorem et conventum Sancti Oswaldi de Nostle
per litteras eorum patentes ad regimen domus de Bredone,
admissus est et institutus est ad eorum presentationem, cui
dominus Episcopus commisit curam et administrationem illius
domus in spiritualibus et temporalibus, eum per librum inves-
tiendo. Idem etiam Gervasius post curam sic susceptam fecit
domino Episcopo, ut moris est, canonicam obedientiam. Acta
sunt hec presentibus domino J., Bathoniensi Episcopo, Magistro
Hugone de Greneforde, Johanne de Tantone, cappellano, et Rogero,
cappellano domini Bathoniensis, Petro de Bathonia, Radulfo de
Warravilla, Petro de Bremforde, Olivero de Chedn[eto] et Philippo
de Langeport, clericis.

*[On the face :—]*

ANNUS QUINTUSDECIMUS.

*[John Espigurnel, acolyte, is collated to the church of Shawell.]*

SCHADEWELLE.—Johannes Espigurnel, accolitus, cui dominus
Episcopus ecclesiam de Schadewelle auctoritate contulit Concilii,
ad ipsam admissus est, etc., salvo Ricardo Phitun, qui jus patronatus evicit in eadem cum alias vacaverit, jure presentandi ad
eandem. Et mandatum est Archidiacono Leircestrie ut, etc. *[In
the margin :—]* Non habemus litteras presentationis.

[*Ralph de Albanico, acolyte, presented by William de Albanico, is instituted to the church of Bottesford. A vicarage is reserved.*]

BOTELSFORDE.—Radulfus de Albanico, accolitus, presentatus per dominum Willelmum de Albanico ad ecclesiam de Boteles-forde, facta prius inquisitione per R., Archidiaconum Leircestrie, per quam, etc., admissus est et in ea canonice persona institutus, ita quod scolas frequentet, salva vicaria per dominum Episcopum in eadem ecclesia ordinanda. Et injunctum est Archidiacono pre-senti quod, etc. Actum pridie kalendas Aprilis. [*Added later :*—] Subdiaconus est.

---

[*John de Salteby, acolyte, presented by the Abbot and Convent of Croxton, is insti-tuted to a mediety of the church of South Croxton.*]

SUDCROXTONE.—Johannes de Salteby, accolitus, presentatus per Abbatem ꞌet conventum de Croxtone ad medietatem ecclesie de Sudcroxtone, facta prius inquisitione per R., Archidiaconum Leircestrie, etc., per quam, etc., admissus est et in ea canonice per-sona institutus, sub pena vicariorum, et onere, si beneficium suum ita tenue sit, quod oporteat eum ibidem in propria persona minis-trare. Veniat etiam ad proximos ordines ordinandus in sub-diaconum sub pena beneficii sui. Et injunctum est Archidiacono Leircestrie presenti quod, etc. Actum ut supra. Injunctum est etiam eidem Johanni ut omnimodam adhibeat diligentiam quam poterit quod eadem ecclesia divisa ad unionem revocetur. [*Added later :*—] Subdiaconus est.

---

[*Richard de Lincolnia, deacon, presented by Robert de Lec, is instituted vicar of the church of Little Dalby.*]

PARVA DAUBY.—Ricardus de Lincolnia, diaconus, per Rober-tum de Lec, personam ecclesie de Parva Dauby, interveniente, consensu Priorisse et conventus de Langeleia, ejusdem ecclesie patronarum, ad perpetuam ipsius ecclesie vicariam presentatus, facta prius inquisitione per R., Archidiaconum Leircestrie per quam, etc., admissus est, et cum onere et pena vicariorum in ea canonice perpetuus vicarius institutus, qui quidem totam dictam ecclesiam nomine vicarie sue toto tempore suo possidebit, solvendo dicto Roberto, persone, et successoribus suis, ejusdem ecclesie personis, annuatim duos aureos nomine pensionis. Veniet etiam idem Ricardus, vicarius, ad mandatum domini Episcopi in presbiterum ordinandus. Et mandatum est Archidiacono Leircestrie per R., Archidiaconum Lincolnie, ut, etc.

U 2

[*Stephen de Heydone, acolyte, presented by Robert de Ros, with consent of Alan de Hoby, is instituted to the church of Hoby.*]

HOUBY.—Magister Stephanus de Heydone, accolitus, presentatus per Robertum de Ros, de concessu Alani de Hoby, ad ecclesiam de Hoby, facta prius inquisitione per R., Archidiaconum Leircestrie, per quam, etc., admissus est et in ea canonice persona institutus. Et mandatum est Archidiacono Leircestrie.

---

[*Walter Coc, chaplain, presented by the Abbot and Convent of Leicester, is instituted vicar of All Saints, Leicester.*]

OMNIUM SANCTORUM LEICESTRIE.—Walterus Coc, cappellanus, presentatus per Abbatem et conventum Leircestrie ad perpetuam vicariam ecclesie Omnium Sanctorum in Leircestria, ordinatam auctoritate Concilii, ut supra anno xiij°, facta prius inquisitione per R., Archidiaconum Leircestrie, per quam, etc., ad eandem vicariam admissus est, et in ea vicarius perpetuus institutus, cum onere et pena vicariorum. Et mandatum est dicto Archidiacono ut, etc.

---

[*Henry de Bokeby, chaplain, presented by Ralph de Albiniaco, rector of Botlesford, with the consent of the patron William de Albiniaco, is instituted vicar of Botlesford. The vicarage is described.*]

SUPER VICARIA DE BOTELESFORDE.—Henricus de Bokeby, cappellanus, presentatus per Radulfum de Albiniaco, rectorem ecclesie de Botlesforde, de consensu Willelmi de Albiniaco, patroni ejusdem, ad perpetuam vicariam ecclesie predicte, auctoritate domini Episcopi ordinatam, facta prius inquisitione per R., Archidiaconum Leircestrie, per quam, etc., admissus est et in ea, cum onere et pena vicariorum, vicarius perpetuus institutus. Consistit autem ipsa vicaria in omnibus obventionibus altaris tam matricis ecclesie quam cappellarum et in terris ad cappellas pertinentibus. Et mandatum est dicto Archidiacono ut, etc. Non habemus litteras inquisitionis.

---

[*William de Billensdone, chaplain, presented by the Abbot and Convent of Leicester, is instituted to the church of Dishley.*]

DIXLEYA.—Willelmus de Billensdone, cappellanus, presentatus per Abbatem et conventum Leircestrie ad ecclesiam de Dixeleya, facta prius inquisitione per R., Archidiaconum Leircestrie, per quam, etc., admissus est et, cum onere et pena vicariorum, canonice persona institutus in eadem. Et mandatum est Archidiacono Leircestrie ut, etc.

[*William de Haltone, chaplain, presented by Ralph de Neuville, after a dispute about the patronage, is instituted to the chapel of Blaston St. Giles, Ralph de Weston, the first presentee, having renounced his claim.*]

BLASTONA.—Willelmus de Haltone, cappellanus, presentatus per Radulfum de Nowville, patronum capelle de Blastone, ad eandem cappellam, facta prius inquisitione per R., Archidiaconum Leircestrie, etc., per quam, etc., susceptis etiam litteris domini Regis quod dictus Radulfus de Neuville in curia ipsius domini Regis coram justiciariis suis apud Westmonasterium, per judicium ejusdem curie, recuperavit presentationem suam versus Nicholaum de Breaute per assisam ultime presentationis inde ibi inter eos captam, ad eandem admissus est, et in ea canonice persona institutus, cum onere ministrandi personaliter in eadem, Radulfo de Westone, cappellano, prius ad ipsam presentato, presentationi sue per litteras suas patentes penitus renunciante. Et mandatum est dicto Archidiacono, etc.

[*Laurence de Warewica, clerk, collated by the Bishop with the consent of the Prioress and Nuns of Nuneaton, after a dispute about the patronage, is instituted to the church of Claybrooke. A pension is reserved to the nuns.*]

CLEYBROC.—Magister Laurentius de Warewica, clericus, cui dominus Episcopus contulit ecclesiam de Cleibroc, de consensu Priorisse et monialium de Ettone, ejusdem ecclesie patronarum, receptis prius litteris domini Regis per quas mandavit quod, cum assisa ultime presentationis summonita esset in curia domini Regis coram justiciariis suis apud Westmonasterium inter Priorissam de Ettone, petentem, et Arnulfum de Bosco et Nicholam de Haveresham, deforciantes, de advocatione ecclesie de Cleybroc, ipsi Arnulfus, et Nicholaus venerunt in curiam ejusdem domini Regis et concesserunt eidem Priorisse presentationem suam, domina etiam Petronilla appellationi sue, quam pro dicta advocatione fecerat, renunciante, ad eandem ecclesiam admissus est, et in ea canonice persona institutus, salva dictis monialibus de Etone debita et antiqua pensione quam de eadem percipere consueverunt; salva etiam eisdem presentatione sua cum ecclesiam ipsam alias vacare contigerit. Et mandatum est Archidiacono Leircestrie, etc.

[*Richard de Saltfleteby, clerk, presented by the Master of the Order of Sempringham, is instituted to the church of Thrussington.*]

THURSTANESTONE.—Ricardus de Saltfleteby, clericus, presentatus per Magistrum ordinis de Sempingham et conventum ejusdem domus ad ecclesiam de Turstantone, facta prius inquisitione per R., Archidiaconum Leircestrie, per quam constabat Thomam de Wappinbiri, militem, jus advocationis ejusdem conventui de Sempingham caritatis intuitu contulisse, ita quod negotium fuit in expedito, ad eandem admissus est, et in eadem sub pena concilii persona institutus. Et mandatum est dicto Archidiacono ut, etc.

_____

[Mem. 4.]

*[Walter de Clinton, presented by Nicholas de Verdun, is instituted to the church of Goadby Marwood.]*

GODEBECHE.—Walterus de Clintone, subdiaconus, presentatus per Nicholaum de Verdun, militem, ad ecclesiam de Godesbeche, facta prius inquisitione per R., Archidiaconum Leicestrie, per quam negotium fuit in expedito, ad eandem admissus est, et in ea canonice persona institutus. Et injunctum est illi ut scolas frequentet et addiscat. Et mandatum est dicto Archidiacono ut, etc.

_____

*[Ralph de Bosewrde, deacon, presented by Richard de Harewecurte, after a dispute about the patronage, is instituted to a free chapel at Market Bosworth.]*

BOSEWRD'A.—Radulfus de Bosewrde, diaconus, presentatus per Ricardum de Harewecurte ad liberam capellam suam in curia sua de Bosewrde, facta prius inquisitione per R., Archidiaconum Leircestrie, et receptis litteris domini Regis mandantis quod convenit in curia sua apud Westmonasterium inter Ricardum de Harewecurte, petentem, et Nicholaum de Verdun, deforciantem, de advocatione capelle de Bosewrde, unde assisa ultime presentationis summonita fuit inter eos in prefata curia, scilicet quod predictus Nicholaus recognovit advocationem predicte capelle esse jus ipsius Ricardi, et illam remissit et quietam clamavit, etc., per que negotium ipsum fuit in expedito, ad eandem capellam admissus est, cum onere ministrandi in ea personaliter in officio sacerdotali, et in ipsa canonice persona est institutus. Et injunctum est eidem ut [veniat] ad vocationem Episcopi in presbiterum ordinandus. Et mandatum est dicto Archidiacono Leircestrie ut, etc.

_____

*[Roger de Turkillestone, chaplain, presented by the Prior of Ware, is instituted to the church of Swithland.]*

SWITHELUNDE.—Rogerus de Turkillestone, capellanus, presentatus per Priorem de Ware ad ecclesiam de Swithelunde, facta prius inquisitione per R., Archidiaconum Leicestrie, per quam, etc., ad eandem admissus est, et cum onere et pena vicariorum in eadem canonice persona est institutus. Et mandatum est dicto Archidiacono ut, etc. Indulsit autem dominus Episcopus dicto Rogero ut ad tempus moram faciat in obsequio Comitisse Wintonie.

[*Alan, chaplain, presented by the Prior of Ware, is instituted vicar of Great Peatling.*]

MAGNA PETLINGE.—Alanus, capellanus, presentatus, per Priorem de Ware, ad perpetuam vicariam de Magna Petlinge, facta prius inquisitione per R., Archidiaconum Leicestrie, per quam, etc., ad eandem admissus est, et in ipsa capella cum onere et pena vicariorum vicarius perpetuus institutus. Et mandatum est dicto Archidiacono ut, etc. [*? Added later :*—] Ordinata est vicaria auctoritate Concilii.

[*Laurence Lumbarde, clerk, presented by Nicholas de Verdun, is instituted to the church of Skeffington.*]

SCAFTINTONE.—Laurentius Lumbarde, clericus, presentatus per Nicholaum de Verdun, militem, ad ecclesiam de Scaftintone, facta prius inquisitione per Archidiaconum Leicestrie, Magistro etiam W. de Leicestria renunciante appellationi sue, quam super eadem ecclesia pro ecclesia de Roleg' interposuerat, per que, etc., ad eandem admissus est et in ea canonice persona institutus. Et mandatum est dicto Archidiacono ut, etc. Indultum est etiam eidem Laurentio ut per dominum Londiniensem die beati Thome Apostoli ordinetur in subdiaconum.

## ANNUS SEXTUSDECIMUS.

[*Richard, now chaplain, presented when deacon, by the Prior and Convent of Belvoir, is instituted vicar of Barkestone.*]

BARKESTONE.—Ricardus, tempore presentationis diaconus, nunc capellanus, presentatus per Priorem et conventum de Belvero ad vicariam de Barkestone, ordinatam per dominum auctoritate Concilii, ut in rotulo de vicariis, facta prius inquisitione per R., Archidiaconum Leicestrie, per quam, etc., ad eandem admissus est, et in ea cum onere et pena vicariorum vicarius perpetuus institutus. Et injunctum est Archidiacono presenti ut, etc. Negotium etiam Ricardi, capellani, presentati ad vicariam de Plungar' per eosdem in expedito est per eandem inquisitionem.

[*William, chaplain, presented by William de Wasteneis, is instituted to the chapel of Osgathorpe.*]

ANGODESTORPE.—Willelmus, capellanus, presentatus per Willelmum de Wasteneis ad capellam de Angodesthorpe, facta prius inquisitione per R., Archidiaconum Leicestrie, per quam, etc., ad eandem admissus est, et in ipsa capella cum onere et pena vicariorum canonice persona est institutus. Et injunctum est dicto Archidiacono presenti ut, etc.

---

[*Thomas de Gnoushale, chaplain, presented by the Abbot and Convent of Croxden, Staffs., is instituted vicar of Tugby. The vicarage is described.*]

TOKEBY.—Thomas de Gnoushale, capellanus, presentatus per Abbatem et conventum de Crokesdene ad vicariam de Tokeby, facta prius inquisitione per R., Archidiaconum Leicestrie, per quam, etc., ad eandem admissus est et in ipsa cum onere et pena vicariorum vicarius perpetuus est, institutus. Consistit etiam vicaria illa in omnibus minutis decimis et oblationibus totius ecclesie, cum duabus capellis, et in una marca annua per manum dictorum monachorum percipienda, quousque eam in certo redditu eidem assignaverint; et valet centum solidos teste Archidiacono. Et injunctum est eidem Archidiacono presenti ut, etc. Non habemus litteras presentationis. Item de oneribus non est ordinatum.

---

[*Alexander, chaplain, presented by the Prioress and Convent of Langley, is instituted vicar of Diseworth.*]

DIGESWRDE.—Alexander, capellanus, presentatus per Priorissam et conventum de Langeleia ad perpetuam vicariam ecclesie de Digeswurthe, facta prius inquisitione per Archidiaconum Leicestrie, per quam, etc., ad eandem admissus est, et in ea cum onere et pena vicariorum vicarius perpetuus institutus. Percipiet autem omnes fructus et obventiones illius ecclesie preter garbas, et preter terram ecclesie. Predicte vero moniales omnia onera illius ecclesie sustinebunt. Non habemus litteras presentationis.

---

[*Robert, son of Fulke, chaplain, presented by the Abbot and Convent of Leicester, is instituted vicar of St. Nicholas, Leicester.*]

SANCTI NICHOLAI LEICESTRIE.—Robertus, filius Fulconis, cappellanus, presentatus per Abbatem et conventum Leicestrie ad perpetuam vicariam ecclesie Sancti Nicholai Leircestrie, facta prius inquisitione per R., Archidiaconum Leircestrie, per quam,

etc., admissus est, et in ea cum onere et pena vicariorum vicarius per-
petuus institutus in eadem, que quidem ordinata est auctoritate
Concilii per dominum ut supra xiiij°. Et mandatum est dicto
Archidiacono ut, etc.

---

[*Anthony de Wintonia, chaplain, presented by the Prior of the Hospitallers, is instituted vicar of Swinford. The vicarage is described.*]

SWINEFORDE.—Antonius de Wintonia, cappellanus, presentatus per Fratrem R. de Diva, Priorem fratrum hospitalis Jeroso-
lomitani in Anglia ad perpetuam vicariam ecclesie de Swyneforde,
auctoritate Concilii per dominum Episcopum de assensu W.,
Decani et capituli Lincolnie, consentientibus etiam dicto Priore,
per procuratorem, et fratribus suis hospitalis, ordinatam, ad eandem
vicariam admissus est, et in ea vicarius perpetuus cum onere et
pena vicariorum institutus. Hec autem est ordinatio vicarie.
Vicarius de Swyneforde erit ad mensam hospitalariorum in eadem
villa honorifice, sicut ille qui fratribus hospitalariis ibidem Preceptor preficietur, et habebit annuas duas marcas pro stipendiis, et
secundum legatum usque ad valentiam sex denariorum, et quod
ultra fuerit cum fratribus hospitalariis dividiabit. Habebit etiam
oblationes suas in quatuor festis anni principalibus, scilicet, ad
Natale, tres denarios, die Pasche duo denarios, et in utroque
aliorum festorum unum denarium, et generaliter omnia oblata ad
confessionem, illis exceptis que offeruntur in subtractarum decimarum recompensationem. Et si oblatio ad manum ipsius celebrantis
pervenerit ad unum denarium vel infra, sua sit; quod autem ultra
denarium pervenerit in partem cedat hospitalariorum. Item
habebit mansum ubi, cum necesse fuerit, parochiani sui ad eum
accedere possint competenter; et habebit palefridum suum ad
fenum, forraginem et avenam, sicut Preceptor fratrum supradictus.
Clericus autem ipsius habebit ibi exhibitionem suam quoad victum
honorifice tanquam unus de fratribus hospitalariis ejusdem domus,
et x solidos annuos pro stipendiis. Garcio vero, qui lectum suum
faciet et palefridum suum custodiet, tanquam unus de garcionibus
fratrum ibidem exhibebitur. Hospitalarii autem omnia onera
illius ecclesie debita et consueta sustinebunt. Et mandatum est
R., Archidiacono Leicestrie, ut dictum Antonium in corporalem,
etc., provisurus quod mansus competens eidem assignetur, et quod
totum residuum illius ecclesie preter predicta, quod ipsis hospitalariis, de consensu W. Decani et capituli Lincolnie concessum est,
eisdem percipere permittat et in proprios usus possidere.

[*William de Burtone, deacon, presented by William de Hastinges, is instituted to the church of Nailstone.*]

NAYLESTONE.—Magister Willelmus de Burtone, diaconus, presentatus per Willelmum de Hastinges, militem, ad ecclesiam de Nailestone, facta prius inquisitione per R., Archidiaconum Leicestrie, per quam, etc., ad eandem ecclesiam admissus est, et in ea, etc. Et mandatum est eidem Archidiacono ut, etc.

———

[*William de Hamaz, sub-deacon, presented by the Abbot and Convent of Owston, is instituted to the church of Slawston.*]

SLASTONE.—Willelmus de Hamaz, subdiaconus, presentatus per Abbatem et conventum de Oselvestone ad ecclesiam de Slastone, facta prius inquisitione per R., Archidiaconum Leircestrie, et receptis prius litteris domini Regis quod Hugo de Neuvilie de Slastone in curia sua apud Westmonasterium concessit ipsi Abbati presentationem suam ad ipsam ecclesiam, per que, etc., admissus est, et in ea canonice persona institutus. Et mandatum est dicto R., Archidiacono, ut, etc.

———

[*Henry, son of Richard, sub-deacon, presented by Thomas Mallore, is instituted to the church of Kirkby Mallory.*]

KYRKEBY.—Henricus, filius Ricardi, subdiaconus, presentatus per Thomam Mallore ad ecclesiam de Kyrkeby, facta prius inquisitione per R., Officialem Archidiaconi Leircestrie, per quam, etc., admissus est, et in ea canonice persona institutus. Et injunctum est Archidiacono presenti ut, etc.

———

[*Thomas Basset, sub-deacon, presented by Ralph Camerarius, patron of one mediety, and by Robert de Foleville, patron of the other, is instituted to the whole church of Rearsby.*]

RERESBY.—Thomas Basset, subdiaconus, presentatus per Radulfum Camerarium, patronum unius medietatis ecclesie de Reresby, et per Robertum de Foleville, militem, patronum alterius medietatis, facta prius inquisitione per R., Archidiaconum Leircestrie, per quam, etc., ad totam ipsam ecclesiam admissus est, et in ea canonice persona institutus. Et injunctum Archidiacono presenti ut, etc.

[*Robert de Wiltone, sub-deacon, presented by Robert Mutun', is instituted to the church of Peckleton. A pension of 10 shillings is reserved to the church of Kirkby.*]

PEKINTONE.—Robertus de Wiltone, subdiaconus, presentatus per Robertum Mutun' ad ecclesiam de Pekintone, facta prius inquisitione per R., Archidiaconum Leircestrie, per quam, etc., admissus est, et in ea canonice persona institutus ; salvis ecclesie de Kyrkeby decem solidis de eadem.   Et injunctum est R., Archidiacono Leircestrie presenti ut, etc.

———

[*Ralph de Tureville, acolyte, presented by Hugh Dispensarius, is instituted to a pension of 3 marks in the church of Loughborough.*]

LUCTEBURG'.—Radulfus de Tureville, accolitus, presentatus per Hugonem Dispensarium ad pensionem trium marcarum vacantem in ecclesia de Lucteburg' de quatuor portionibus dictum Hugonem tanquam patronum contingentibus, facta prius inquisitione per Archidiaconum Leicestrie, per quam, etc., admissus est, et in predictis quatuor portionibus ipsius ecclesie canonice persona institutus.   Et injunctum est eidem ut scolas frequentet ; alioquin eo ipso pensione ipsa spoliabitur, eodem Radulfo in id consentiente. Et injunctum est Officiali Archidiaconi ut, etc.

———

[*Reginald, chaplain, presented by the Abbot and Convent of Lilleshall, Salop, is instituted vicar of Ashby de la Zouch.   The vicarage is described.*]

VICARIA DE ESSEBY.—Reginaldus, capellanus, presentatus per Abbatem et conventum de Lilleshulle ad perpetuam vicariam ecclesie de Esseby, ordinatam auctoritate Concilii, facta prius inquisitione per R., Archidiaconum Leircestrie, per quam, etc., admissus est, et in ea cum onere et pena vicariorum vicarius perpetuus institutus.  Ordinata est autem ipsa vicaria sic : vicarius cum clerico suo erunt [*sic*] ad mensam dictorum canonicorum et habebit forragium ad opus palefridi, et prebendam cum ierit ad sinodum et capitula ; et preterea habebit viginti solidos pro stipendiis, et preterea secundum legatum rationabile, et oblationes consuetas, et solvet sinodalia tantum.  Canonici vero hospitium Archidiaconi procurabunt et alia onera ejusdem ecclesie debita et consueta sustinebunt.   Et injunctum est dicto Archidiacono presenti ut, etc. Non habemus litteras presentationis.

[*William, chaplain, presented by the Abbot and Convent of Leicester, is instituted
vicar of St. Martin's, Leicester. The vicarage is described.*]

SANCTI MARTINI LEIRCESTRIE.—Willelmus, cappellanus,
presentatus per Abbatem et conventum Leircestrie ad perpetuam
vicariam ecclesie Sancti Martini Leircestrie, ordinatam auctoritate
Concilii, facta prius inquisitione per R., Archidiaconum Leircestrie,
per quam, etc., admissus est et in ea, cum onere et pena vicariorum,
canonice vicarius perpetuus institutus. Est autem hec ordinatio ;
vicarius habebit ad vestitum suum duas marcas annuas de portionibus altaris per manum Abbatis ei solvendas ad duos terminos, et
legata sua usque ad sex denarios, et quolibet die sollempni unum
denarium. Habebit etiam victum suum de abbatia in omnibus
sicut canonicus, et diaconus suus ut major serviens de abbatia, et
dimidiam marcam pro stipendiis. Preterea habebit panem ad
garcionem suum qui ei serviet. Abbas autem providebit ei
mansum competentem, et sustinebit onera illius ecclesie debita
et consueta. Et injunctum est dicto Archidiacono presenti ut,
etc. Non habemus litteras presentationis.

---

[*Semannus de Len', presented by the Prior and Convent of Launde, is instituted
to the church of Ashby Folville. A pension is reserved to the Canons.*]

ESSEBY.—Semannus de Len', subdiaconus, presentatus per
Priorem et conventum de Landa ad ecclesiam de Esseby, facta
prius inquisitione per R., Archidiaconum Leircestrie, per quam,
etc., admissus est et in ea canonice persona institutus. Salva
eisdem canonicis debita et antiqua pensione de eadem. Et
injunctum est dicto Archidiaconi presenti ut, etc.

---

[*On the dorse :—*]

[*Richard de Cappella, monk, presented by the Abbot and Convent of Lyre,
Normandy, is instituted administrator of the house of Hinckley.*]

Ricardus de Cappella, monachus, presentatus per Abbatem et
conventum de Lyra ad procurationem domus de Hingkeleia, tunc
vacantis, facta prius inquisitione per R., Archidiaconum Leicestrie,
per quam, etc., ad administrationem ejusdem admissus est, et
administrator in ea per librum, sicuti moris est, institutus, obedientie sacramento sollempniter subsecuto. Et mandatum est dicto
Archidiacono ut dictum R. in corporalem dicte domus possessionem
induci faciat.

[*On the face :—*]

ANNUS XVII<sup>US</sup>.

[*Robert de Alstone, sub-deacon, presented by Nicholas de Verdun, is instituted to the church of Newbold Verdun.*]

NEWBOLDE.—Robertus de Alstone, subdiaconus, presentatus per Nicholaum de Verdun, militem, ad ecclesiam de Neubolt, facta prius inquisitione per Magistrum Robertum, Officialem Archidiaconi Leircestrie, per quam negotium fuit in expedito, ad eandem admissus est, et in ea canonice persona institutus. Et mandatum est dicto Officiali ut ipsum Robertum, subdiaconum, in corporalem ejusdem ecclesie possessionem inducat.

[*William de Benetle, chaplain, presented by John de Bakep', is instituted to the church of Alexton.*]

ADLAKESTONE.—Willelmus de Benetle, cappellanus, presentatus per Johannem de Bakep', militem, ad ecclesiam de Adthelakestone, facta prius inquisitione per R., Officialem Archidiaconi Leircestrie, per quam, etc., ad eandem admissus est, et in ea canonice persona institutus, cum onere ministrandi personaliter in eadem. Et mandatum est dicto Officiali ut, etc.

[*Richard de Grahame, chaplain, presented by the Abbot and Convent of Leicester, is instituted vicar of Enderby.*]

VICARIA DE ENDREDEBY.—Ricardus de Grahame, cappellanus, presentatus per Abbatem et conventum Leircestrie ad perpetuam vicariam ecclesie de Endredeby cum pertinentiis, facta prius inquisitione per R., Officialem Archidiaconi Leircestrie, per quam, etc., ad eandem admissus est, et in ea canonice vicarius perpetuus institutus, cum onere ministrandi personaliter in officio sacerdotali in eadem, et habebit cappellanum socium suis sumptibus in cappella de Whestone ministrantem. Et mandatum est dicto Officiali ut, etc.

[*Hugh Barre, sub-deacon, presented by the Abbot and Convent of Leicester, is instituted to the church of North Kilworth.*]

KYVELINGWRDE.—Hugo Barre, subdiaconus, presentatus per Abbatem et conventum Leicestrie ad ecclesiam de Kivelingewurthe, facta prius inquisitione per R., Officialem Archidiaconi Leicestrie, per quam, etc., ad eandem admissus est, et in ea canonice persona institutus. Et mandatum est W., Archidiacono Leicestrie, ut, etc.

*[Robert de Saloppesbiri, sub-deacon, presented by the Prior and Brethren of Dudley, Stafford, after a dispute about the patronage, is instituted to the church of Seale.]*

SEYLE.—Robertus de Saloppesbiri, subdiaconus, presentatus per Priorem et confratres suos de Duddeleg' ad ecclesiam de Seyle, facta prius inquisitione per R., Officialem Leicestrie, et receptis litteris domini Regis continentibus quod, cum placitum esset in curia sua apud Westmonasterium inter Priorem de Duddesleg' et Walterum de Ridewar de advocatione ecclesie de Seyle, presentatio ad eandem per judicium ejusdem curie remansit eidem Priori, per que, etc., ad eandem admissus est, et in ea canonice persona institutus. Et mandatum W., Archidiacono Leicestrie, ut, etc.

*[Peter de Grimestone, sub-deacon, presented by William Basset, is instituted to the church of Stoney Stanton.]*

STANTONE.—Magister Petrus de Grimestone, subdiaconus, presentatus per Willelmum Basset ad ecclesiam de Stantone, facta prius inquisitione per Archidiaconum Leicestrie, per quam, etc., ad eandem admissus est, etc. Et mandatum est dicto Archidiacono, etc.

*[Amory, who for more than 12 years has possessed the church of St. Guthlac, Stathern, is now instituted to the same.]*

STAKETHERNA.—Magister Amauricus, qui ecclesiam Sancti Gudlaci de Stactherne a xij annis retro et amplius pacifice possedit et inconcusse, presentatus per Simone Borharde ad eandem, admissus est, etc., Galfrido Britone resignante prius quicquid juris habuit vel habere videbatur in eadem.

*[R[——] de L[——], chaplain, presented by the Abbot and Convent of Leicester, is instituted vicar of St. Peter's, Leicester.]*

VICARIA SANCTI PETRI LEYCESTRIE.—R[*blank*] de L[*blank*], cappellanus, presentatus per Abbatem et conventum Leicestrie ad vicariam beati Petri in eadem villa, auctoritate Concilii ordinatam, prout in rotulo vicariarum continentur, facta prius inquisitione per W., Archidiaconum Leicestrie, per quam, etc., ad eandem admissus est, et in ea cum onere et pena vicariorum, etc. Et injunctum est dicto Archidiacono ut, etc.

[Mem. 5.]

# ANNUS XVIII<sup>US</sup>.

[*William le Waleis, sub-deacon, presented by William, son of Thomas de Leire, is instituted to the church of Leire.*]

LEYRA.—Willelmus le Waleis, subdiaconus, presentatus per Willelmum, filium Thome de Leir', ad ecclesiam de Leire, facta prius inquisitione per W., Archidiaconi Leicestrie, et receptis litteris domini Regis continentibus quod Hugo de Ringedone coram justiciariis itinerantibus apud Leicestriam recognovit et concessit dicto Willelmo presentationem suam ad eandem ecclesiam, per que, etc., ad eandem admissus est, etc. Et injunctum est dicto Archidiacono ut, etc.

---

[*Hugh de Morleya, sub-deacon, presented by Eustace de Mortoyn, in right of his wife, is instituted to the church of Branstone. A vicarage is reserved to the chaplain.*]

BRANTESTONE.—Hugo de Morleya, subdiaconus, presentatus ad ecclesiam de Brantestone per Eustachium de Mortoyn, qui filiam et heredem Ricardi Silvayn duxit in uxorem, facta prius inquisitione per W., Archidiaconum Leicestrie, per quam, etc., ad eandem admissus est, etc. Salva W., capellano, quamdiu vixerit, vicaria sua quam habet in eadem.

---

[*Clement de Hawurthin, chaplain, presented by the Earl of Chester and Lincoln, guardian of John de Scotte, his nephew, is instituted to the church of Saxby.*]

SAXEBY.—Clemens de Hawurthin, capellanus, presentatus per nobilem virum R., Comitem Cestrie et Lincolnie, ratione custodie terre Johannis de Scotte, nepotis sui, in manu ejus existentis, ad ecclesiam de Saxeby, facta prius inquisitione per W., Archidiaconum Leicestrie, per quam, etc., ad eandem est admissus, et in ea cum onere et pena vicariorum, etc. Et mandatum est dicto Archidiacono ut, etc.

---

[*Stephen de Lucy, presented by the Prior of Ware, Herts., is instituted to the church of Belgrave.*]

BELEGRAVA.—Magister Stephanus de Lucy, [*blank*], presentatus per Priorem de Ware ad ecclesiam de Belgrave, facta prius inquisitione per W., Archidiaconum Leircestrie, per quam, etc., ad eandem admissus est, etc. Et mandatum est dicto Archidiacono ut, etc.

[*Henry de Derby, sub-deacon, presented by the Prior and Convent of Tutbury, Staffs., is instituted to the church of Stapleford.*]

STAPELFORDE.—Magister Henricus de Derby, subdiaconus, presentatus per Priorem et conventum de Tutebiri ad ecclesiam de Stapelford, facta prius inquisitione per W., Archidiaconum Leicestrie, et Ranulfo de Ferrariis, clerico, prius presentato ad eandem, presentationi sue et appellationi contra predictum Magistrum facte per litteras suas renunciante, per que, etc., ad eandem admissus est, etc. Et mandatum est dicto Archidiacono ut, etc.

[*Ralph de Keles, chaplain, presented by Hugh de Haningtone, is instituted to the chapel of Glooston.*]

GLORESTONA.—Radulfus de Keles, capellanus, presentatus per Hugonem de Haningtone, militem, ad capellam de Glorestone, vacantem per Concilium, facta prius inquisitione per W., Archidiaconum Leicestrie, per quam, etc., ad eandem admissus est, et in ea canonice persona institutus, cum onere ministrandi personaliter in eadem. Et mandatum est dicto Archidiacono ut, etc.

[*Richard de Haverberg, presented by the Prior and Convent of Daventry, Northants., is instituted vicar of Foxton.*]

VICARIA DE FOXTON.—Ricardus de Haverberg', capellanus, presentatus per Priorem et conventum de Daventria ad vicariam ecclesie de Foxtone auctoritate Concilii per dominum Episcopum ordinatam, facta prius inquisitione per W., Archidiaconum Leicestrie, per quam, etc., ad eandem admissus est, et in ea cum onere et pena, etc. Et mandatum est dicto Archidiacono ut, etc.

[*Peter de [———], chaplain, presented by the Abbot and Convent of Leicester, is instituted to the church of Eastwell.*]

ESTWELLE.—Petrus de [*blank*], capellanus, presentatus per Abbatem et conventum Leicestrie, ad ecclesiam de Estwelle, facta prius inquisitione per W., Archidiaconum Leicestrie, et Roberto de Arreby, qui pro advocatione ipsius appellaverat, eam dictis Abbati et conventui quietam clamante de se et heredibus suis in perpetuum, coram domino Episcopo anno pontificatus ejusdem xviij°, dominica secunda quadragesime, in aula sua Leicestrie, per que, etc., ad eandem admissus est cum onere et pena vicariorum. Et injunctum est dicto Archidiacono presenti ut, etc.

[*Richard de Stavenesby, sub-deacon, presented by the Prior and Convent of Norton, Cheshire, is instituted to the church of Castle Donington.*]

DONINGTONE.—Richardus de Stavenesby, subdiaconus, presentatus per Priorem et conventum de Nortone ad ecclesiam de Doningtona, facta prius inquisitione per W., Archidiaconum Leicestrie, et exhibitis litteris domini pape Honorii dispensantis cum eodem ut liceat ei unicum beneficium cui cura, etc., recipere et cum prius habitis retinere, per que, etc., ad eandem admissus est, etc. Et mandatum est dicto Archidiacono ut, etc.

----

[*Elias de Keggeworde, chaplain, presented by the Prioress and Convent of Langley, Leics., is instituted to the church of Diceworth.*]

DIGEVESURDE VICARIA.—Helyas de Keggeworde, capellanus, presentatus per Priorissam et conventum de Langeleia ad vicariam ecclesie de Digthesworthe, facta prius inquisitione per W., Archidiaconum Leicestrie, per quam, etc., ad eandem admissus est cum onere vicariorum, etc. Et mandatum est dicto Archidiacono ut ipsum in corporalem dicte vicarie portionum eidem transcriptarum possessionem inducat secundum formam prenotatam, receptis prius litteris presentationis.

----

## ANNUS XIX^us.

[*William de Hungertone, chaplain, presented by the Abbot and Convent of Leicester, is instituted vicar of Barrow-on-Soar. The vicarage is described.*]

BAREWE VICARIA.—Willelmus de Hungertone, capellanus, presentatus per Abbatem et conventum Leicestrie ad vicariam ecclesie de Barewe, facta prius inquisitione per W., Archidiaconum Leicestrie, Comite etiam Cestrie appellationi facte per servientem suum super dicta vicaria litteratorie renuntiante, per que negotium fuit in expedito, ad eandem admissus est, et in ea cum onere et pena vicariorum institutus. Et mandatum est dicto Archidiacono ut ipsum in corporalem dicte vicarie possessionem inducat. De vicaria ordinata per Willelmum, episcopum, in matricula; que consistit in medietate omnium obventionum ad altaragium dicte ecclesie pertinentium, et in tertia parte garbarum totius decime de parochia de Barewa cum mesuagio in eadem inter dominicam curiam canonicorum et cimiterium, et uno mesuagio in Querendone ad capellam ibidem pertinente.

[*Simon Perdix, sub-deacon, presented by the Prior of Ware, Herts., is instituted to the church of Nosely.*]

NOVESLEYA.—Magister Simon Perdix, subdiaconus, presentatus per Priorem de Wara ad ecclesiam de Noveleya, facta prius inquisitione per W., Archidiaconum Leircestrie, per quam, etc., ad eandem admissus est, et in ea canonice persona institutus. Et mandatum est dicto Archidiacono ut, etc.

———

[*Maurice de Newporthe, presented by the Prior and Convent of Drax, Yorks., is instituted to the church of Garthorpe.*]

GARTHORPE.—Mauricius de Newporthe, diaconus, presentatus per Priorem et conventum de Draxe ad ecclesiam de Garthorpe, facta prius inquisitione per W., Archidiaconum Leircestrie, per quam, etc., ad eandem admissus est, etc. Et mandatum est dicto Archidiacono ut, etc. Et memorandum quod Willelmus de Gaugy, miles, jus quod in eadem sibi vendicaverat, per litteras suas patentes simpliciter et absolute resignavit.

———

[*Thomas de Tureville, sub-deacon, presented by Hugh Dispensarius, is instituted to a parsonage in the church of Loughborough.*]

LUCTHEBURG' QUATUOR PORTIONES.—Thomas de Tureville, subdiaconus, presentatus per Hugonem Dispensarium, militem, ad personatum quatuor portionum in ecclesia de Luctheburc', de quibus annuam pensionem trium marcarum ab W., vicario, percipiet, et ad personatum quinte portionis ejusdem ecclesie, facta prius inquisitione per W., Archidiaconum Leicestrie, per quam, etc., ad dictam ecclesiam admissus est, etc. ; salva vicario vicaria sua quam habet in eadem. Et injunctum est dicto Thome quod scolas frequentet et addiscat. Injunctum est etiam dicto Archidiacono ut, etc.

———

[*William de Peltone, clerk, collated by the Bishop with the consent of the Prior and Convent of Drax, Yorks., is instituted to the church of Saltby.*]

SAUTEBY.—Willelmus de Peltone, clericus, cui dominus Episcopus ecclesiam de Sauteby, de concensu Prioris et conventus de Drax, patronorum ejusdem, contulit, salva ordinatione ipsius domini Episcopi et gratia, quam de consensu Decani et capituli sui predictis canonicis facere voluerit de eadem, ad eandem admissus est, et in ea canonice persona institutus. De speciali etiam precepto Domini huic institutioni adjectum est, post illud verbum contulit :—" Salvis dictis Priori et conventui xl solidis annuis quos de concessione felicis recordationis Sancti Hugonis, predecessoris sui, habent in ea, et salva ordinatione, etc.," per ordinem ut supra.

---

### ANNUS XX<sup>US</sup>.

[*Godfrey, sub-deacon, son of William, presented by the Master of the Order of Sempringham and the Prior and Convent of Bullington, Lincs., is instituted to the church of Prestwold.*]

PRESTEWALDE.—Godefridus filius Willelmi, subdiaconus, presentatus per Magistrum ordinis de Sempingham et Priorem et conventum de Bulingtone ad ecclesiam de Prestewalde, facta prius inquisitione per W., Archidiaconum Leicestrie, per quam, etc., ad eandem admissus est, et in ea canonice persona institutus. Et injunctum est eidem W., tunc Cancellario, ut dictum G. vice Archidiaconi in corporalem dicte ecclesie possessionem inducat.

---

[*Walter, sub-deacon, presented by William Basset, is instituted to the church of Stoney Stanton.*]

STANTONE.—Walterus, subdiaconus, presentatus per Willelmum Basset ad ecclesiam de Stantone, facta prius inquisitione per W., Archidiaconum Leicestrie, per quam, etc., ad eandem admissus est, etc. Et injunctum est ut supra.

---

[*Simon de Sancto Mauro, sub-deacon, presented by the Prior and Convent of Coventry, is instituted to the church of Packington.*]

PAKINTONE.—Symon de Sancto Mauro, subdiaconus, presentatus per Priorem et conventum de Coventria ad ecclesiam de Pakintone, facta prius inquisitione per W., Archidiaconum Leircestrie, per quam, etc., ad eandem admissus est, etc. Et injunctum est dicto Archidiacono presenti ut, etc.

---

[*Alexander, chaplain, presented by the Prior and Convent of Ware, Herts., is instituted to the church of Burton Overy.*]

BURTONE.—Alexander, capellanus, presentatus per Priorem de Ware ad ecclesiam de Burtone, facta prius inquisitione per W.,

Archidiaconum Leicestrie, per quam, etc., et Roberto de Novereia, milite, et Willelmo, clerico, presentato ad eandem, appellationi quam pro se interposuerant expresse renuntiantibus, per que, etc., ad eandem admissus est, etc. Et mandatum est dicto Archidiacono ut, etc.

___

[*Thomas de Felmeresham, chaplain, presented by Ralph de Nowers, after a dispute about the patronage, is instituted to the church of Knossington.*]

GNOSSINGTONE.—Thomas de Felmeresham, capellanus, presentatus per Radulfum de Nowers, militem, ad ecclesiam de Gnossintone, facta prius inquisitione per R., Archidiaconum Leircestrie, et receptis litteris domini Regis continentibus quod idem R. coram justiciariis apud Westmonasterium recuperavit seisinam suam de advocatione dicte ecclesie contra Gilbertum, personam de Ocham, per assisam ultime presentationis, per que, etc., ad eandem admissus est, etc., cum onere et pena vicariorum. Et mandatum est dicto Archidiacono ut, etc.

___

[*Simon de Blukeville, sub-deacon, presented by the Prior and Convent of Daventry, Northants., is instituted to the church of Gumley.*]

GUTMUNDEL'.—Simon de Blukeville, subdiaconus, presentatus per Priorem et conventum de Daventria ad ecclesiam de Gutmundele, facta prius inquisitione per R., Archidiaconum Leircestrie, per quam, etc., ad eandem admissus est, etc. Et mandatum est dicto Archidiacono ut, etc.

___

[*Alexander de Taney, sub-deacon, as he asserts, presented by the Master and Brethren of St. Lazarus of Burton, is instituted to the church of Lowesby.*]

LOUSEBY.—Magister Alexander de Taney, subdiaconus ut dicit, presentatus per Magistrum et fratres Sancti Lazari de Burtone ad ecclesiam de Louseby, facta prius inquisitione per W., tunc Archidiaconum Leircestrie, per quam, etc., ad eandem admissus est, etc. Et mandatum est R., Archidiacono Leicestrie, ut, etc.

___

[*John de Lindstede, sub-deacon, presented by the Prior and Convent of Leedes, Kent, is instituted to a mediety of the church of Hallaton. A pension of half a mark is reserved to the convent.*]

HALCTONE MEDIETAS.—Johannes de Lindstede, subdiaconus, presentatus per Priorem et conventum de Ledes ad medietatem

ecclesie de Halechtone, facta prius inquisitione per W., Archidiaconum Leicestrie, et Eustachio de Grainville juri quod se habere
asseruit in ejusdem ecclesie patronatu renuntiante, per que, etc., ad
eandem medietatem admissus est, etc ; salva dictis Priori et
conventui annua dimidie marce pensione, cum eam debitam esse
constiterit. Et mandatum est R., Archidiacono Leicestrie, ut, etc.

----

[*Ralph Bacun, sub-deacon, presented by the Abbot and Convent of Peterborough, is
instituted to the church of Bringhurst.*]

BRINNINGEHURSTE.—Radulfus Bacun, subdiaconus, presentatus per Abbatam et conventum Beati Petri de Burgo ad ecclesiam
de Brinningehurste, facta prius inquisitione per R., Archidiaconum
Leircestrie per quam, etc., ad eandem admissus est, etc. Et
mandatum est dicto Archidiacono ut, etc.

----

[*Walter de Werministre, presented by the Abbot and Convent of Lire, Normandy,
is instituted to the church of Sibstone.*]

SIBBESDONE.—Magister Walterus de Werministre [*blank*],
presentatus per Abbatem et conventum de Lira ad ecclesiam de
Sibbesdone, facta prius inquisitione per R., Archidiaconum
Leircestrie, per quam, etc., ad eandem admissus est, etc. Et mandatum est eidem Archidiacono ut, etc.

----

[*Richard de Gloucestria, sub-deacon, presented by the Abbot and Convent of
Leicester, is instituted to the church of Humberstone.*]

HUMBRESTAIN.—Magister Ricardus de Gloucestria, subdiaconus, presentatus per Abbatem et conventum Leircestrie ad
ecclesiam de Humbrestain, facta prius inquisitione per R., Archidiaconum Leircestrie, per quam, etc., ad eandem admissus est sub
pena Concilii, etc. Et mandatum est dicto Archidiacono ut, etc.

----

[*Reginald de Sancto Leodegario, sub-deacon, presented by Richard de Harecurthe,
is instituted to the church of Sileby.*]

SYGLEBY.—Reginaldus de Sancto Leodegario, subdiaconus,
presentatus per Ricardum de Harecurthe, militem, ad ecclesiam de
Sigleby, vacantem per resignationem Ricardi de Harecurthe, clerici,

facta prius inquisitione per R., Archidiaconum Leircestrie, et Abbate de Becco sigillum suum litteris resignatoriis dicti Ricardi in testimonium apponente, per que, etc., ad eandem, etc. Et mandatum est dicto Archidiacono ut, etc. Ita tamen quod ecclesia predicta per idoneum capellanum de bonis ecclesie sufficienter sustentandum, sicut decuerit, officietur.

------

ANNUS XXI<sup>US</sup>.

*[Gifts to the altar of St. Mary, Redmile.]*

DE ALTARI SANCTE MARIE APUD REDMILDE.—Johannes de Guiptone contulit Deo et altari Sancte Marie de Redmild' duos selliones in territorio de Redmild' in puram et perpetuam elemosinam. Ricardus le Palmer dedit dicto altari unam bovatam terre cum prato et pascuo in territorio de Redmild'. Similiter Willelmus de la Tur tres selliones in eodem territorio. Rogerus, filius Roberti capellani, unum sellionem in eodem territorio. Rogerus de Hotot duos selliones in eodem territorio. Osbertus Caynhou unum sellionem in eodem territorio. Ricardus le Palmer unam acram terre in eodem territorio. Johannes le Petit unam acram terre et dimidiam et unam rodam in eodem territorio. Willelmus capellanus quatuor selliones terre in eodem territorio. Willelmus le Palmer tres selliones terre in eodem territorio. Rogerus, filius Johannis, duos selliones terre in eodem territorio. Stephanus de la Tur unam rodam terre in eodem territorio. Galfridus et Alanus de Starvile tres rodas in eodem territorio. Magister Willelmus de Botlesforde octo acras et dimidiam acram prati in territorio de Botlesforde. Henricus, filius Petri, duas acras terre in eodem territorio. Johannes de Saxendal' unum sellionem terre in eodem territorio. Thomas de Newerche unum sellionem in eodem territorio. Robertus de Offintone duos selliones terre in territorio de Redmild'. Reginaldus de Makesey unum sellionem terre in eodem territorio. Dominus Willelmus de Albiniaco quartus unam bovatam terre cum prato de dominico suo et pascuum in eodem territorio, et duo mesuagia, quorum Willelmus le Breton tenet unum in feodo pro tribus solidis, et aliud mesuagium tenet Ywanus de Altari in feudo pro duobus solidis et duobus denariis. Gamelus xij denarios redditus in eadem villa de Redmild'. Robertus de Lentone octo solidos redditus in villa de Lincolnia. Robertus de Offintone quatuor denarios redditus in villa de Redmild'. Omnia predicta dederunt omnes predicti homines altari Sancte Marie Karitative, et de quolibet donatore habet dominus Willelmus de Albyniaco quartus cartas ad servitium sustinendum ad predictum altare Sancte Marie, et ad sustentationem capellani ibidem divina celebrantis. Summa terrarum prescriptarum : quatuor bovate terre una acra minus. Summa prati : quatuor acre et tres rode. Summa denariorum : sexdecim solidi et vj denarii.

Cum Willelmus de Albiniaco quartus terras et redditus predictos assignari procurasset ad sustentationem capellani ad dictum altare Beate Virginis in ecclesia de Redmilne die Lune pro defunctis et ceteris diebus de Beata Maria celebraturi perpetuo, Prioris et conventus de Belvero, patronorum, et Rogeri, ipsius ecclesie rectoris, ad id interveniente consensu, Willelmus de Redmilne, capellanus, per dictum rectorem, de consensu dicti W. de Albiniaco, domino Episcopo ad officium predictum presentatus, admissus est. Et mandatum est Archidiacono Leircestrie ut ipsum W. capellanum, in singularum portionum possessionem induci, et ipsas portiones in matricula sua et in missali ecclesie predicte distincte faciat et aperte conscribi.

---

*[John, physician, sub-deacon, presented by R. de Wivele, is instituted to the church of Stonton-Wyville.]*

STAUNTONE.—Magister Johannes, phisicus, subdiaconus, presentatus per R. de Wivele, militem, ad ecclesiam de Stauntone, facta prius inquisitione per R., Archidiaconum Leircestrie, per quam, etc., ad eandem admissus est, etc. Et injunctum est dicto Archidiacono presenti ut, etc.

---

*[Richard de Wermenistre, sub-deacon, presented by the Abbot and Convent of Lire, Normandy, is instituted to the church of Sibstone, on the resignation of Walter de Werm'.]*

SIBBESDONE.—Magister Ricardus de Wermenistre, subdiaconus, presentatus per Abbatem et conventum de Lyra ad ecclesiam de Sybbedesdone, vacantem per resignationem Magistri Walteri de Werm', ultimo rectoris ejusdem, facta prius inquisitione per Robertum, Archidiaconum Leircestrie, per quam, etc., ad eandem admissus est, etc. Et mandatum est eidem Archidiacono ut, etc.

---

*[Richard de Duaco, sub-deacon, is collated to the church of Hathern, vacant by the death of Martin de Patteshulle.]*

HACTHURNE.—Magister Ricardus de Duaco, subdiaconus, cui dominus Episcopus ecclesiam de Hacthurne, vacantem per mortem Martini de Patteshulle, auctoritate Concilii contulit, in eadem ecclesia est canonice persona institutus, salvo imposterum Abbati Leircestrie jure presentandi ad eandem. Et mandatum est R., Archidiacono Leircestrie ut, etc. Datum apud Gilling' xij kalendas Novembris.

——

[*On the dorse :—*]

[*Burga, Nun of Langley, Leics., elected by the Convent of Langley, is admitted prioress.*]

Burga, monialis de Langeleghe, electa per conventum ejusdem loci in priorissam dicte domus, facta prius inquisitione per Magistrum Th. de Verdun, Officialem Archidiaconi Leircestrie, et G., Decanum Leircestrie, secundum articulos consuetos, et Roberto de Tatteshale, ipsius prioratus patrono, suum ad id adhibente consensum, per que negotium fuit in expedito, admissa est et instituta canonice Priorissa. Et mandatum est Archidiacono Leircestrie quod circa installationem Priorisse predicte quod suum est exequatur, injungens conventui et aliis ejusdem domus quod ipsi Burge tanquam Priorisse sue sint imposterum intendentes et obedientes.

——

[Mem. 6.]

## ANNUS XXII<sup>US</sup>.

[*Simon de Penne, sub-deacon, presented by the Prior and Convent of Lenton, Notts., is instituted to the church of Great Wigstone.*]

WYKENGESTONE.—Symon de Penne, subdiaconus, presentàtus per Priorem et conventum de Lentone ad ecclesiam de Wikengestone, facta prius inquisitione per R., Archidiaconum Leircestrie, et receptis litteris Magistri Stephani, domini Pape nuntii et capellani, continentibus quatinus, non obstante inhibitione sua, dominus Episcopus eundem Symonem ad ecclesiam de Wikengestone, ad quam fuit per Priorem et conventum de Lentone canonice presentatus, liberaliter admitteret et institueret in ea, per que, etc., ad eandem admissus est, etc. Et mandatum est dicto Archidiacono ut ipsum in corporalem ejusdem ecclesie possessionem faciat induci.

——

[*Walter de Kantebrigge, chaplain, presented by the Countess of Winchester, is instituted to the church of Laughton.*]

LAUCHTONE.—Walterus de Kantebrigge, capellanus, presentatus per Margaretam, Comitissam Wintonie, ad ecclesiam de Lauchtone, facta prius inquisitione per R., Archidiaconum Leircestrie, per quam, etc., ad eandem admissus est, etc., cum onere vicariorum post festum Sancti Michaelis, etc. Et mandatum est eidem Archidiacono, ut ipsum in corporalem, etc.

---

[*Walter de Bristollia, sub-deacon, presented by the Abbot and Convent of Leicester, after a dispute about the patronage, is instituted to the church of Wanlip.*]

ANLEAPPE.—Walterus de Bristollia, subdiaconus, presentatus per Abbatem et conventum Leircestrie ad ecclesiam de Anleppe, facta prius inquisitione per R., Archidiaconum Leircestrie, et receptis litteris domini Regis continentibus quod cum Nicholaus le Abbe coram justiciariis suis itinerantibus, qui ultimo itineraverunt apud Notinghame aramiasset assisam ultime presentationis versus Mathiam, Abbatem Leircestrie, super advocatione ecclesie de Anleppe, idem Nicholaus ibidem recognovit advocationem ejusdem ecclesie esse jus ipsius Abbatis et ecclesie sue de Leircestria, et illam remissit et quietam clamavit de se et heredibus suis, etc., in perpetuum ; nec obstet quod firmarius ecclesie de Role, que est de advocatione ipsius domini Regis, opponit se, eo quod antequam clamium apponeret, assisa predicta inde capta ipsam ecclesiam dedit eidem Abbati ; per que, etc., ad eandem admissus est, etc. Et mandatum est dicto Archidiacono ut, etc.

---

[*Richard de Burgo, presented by the Abbot and Convent of St. Agatha's, Richmond, Yorks., is instituted to the church of Saddington.*]

SADINGTONE.—Ricardus de Burgo [*blank*], presentatus per Abbatem et conventum Sancte Agathe Richemundie ad ecclesiam de Sadingtone, facta prius inquisitione per R., Archidiaconum Leircestrie, per quam, etc., ad eandem admissus est, etc. Et mandatum est eidem Archidiacono ut, etc.

---

[*Richard de Wendoure, sub-deacon, is collated to the church of Asfordby. A pension is reserved to Robert de Wrageby, chaplain.*]

ESSEFORDBY.—Magister Ricardus de Wendoure, subdiaconus, cui dominus Episcopus ecclesiam de Essefordeby, ad donationem suam pertinentem, contulit, ad eandem admissus est, etc. ; salvis Roberto de Wrageby, capellano, viginti solidis per eundem dominum concessis, simul cum aliis viginti solidis quos a Radulfo, persona, percipere consuevit, per manus dicti Magistri nomine beneficii percipiendis annuatim, donec eidem Roberto fuerit alibi provisum. Et mandatum est Roberto, Archidiacono Leircestrie, ut, etc.

[*Osbert de Londonia, sub-deacon, presented by the Prior and Convent of Norton, Cheshire, is instituted to the church of Castle Donington. A pension of 4 marks is reserved to the convent.*]

DUNYNGTONE.—Osbertus de Londonia, subdiaconus, presentatus per Priorem et conventum de Nortone ad ecclesiam de Duningtone, facta prius inquisitione per R., Archidiaconum Leircestrie, per quam, etc., ad eandem admissus est, etc. Et mandatum est dicto Archidiacono, etc. ; salvis inde dictis Priori et conventui quatuor marcis annuis nomine perpetui beneficii percipiendis.

―――――

[*Robert de Landa, sub-deacon, presented by William de Quatuor Maris, is instituted to the church of Cole-Orton.*

OVERTONE QUATUOR MARIS.—Robertus de Landa, subdiaconus, presentatus per Willelmum de Quatuor Maris ad ecclesiam de Overtone Quatuor Maris, facta prius inquisitione per R., Archidiaconum Leircestrie per quam, etc., ad eandem admissus est, etc. Et mandatum est dicto Archidiacono ut, etc. Injunctum est etiam dicto R., clerico, sub debito juramenti et sub pena beneficii amittendi, quod scolas frequentet et addiscat, et quod iterum veniat examinandus.

―――――

[*Hugh de Sautcheverel, sub-deacon, presented by Eustace de Moretone, is instituted to a mediety of the church of Misterton.*]

MINSTRETONE.—Hugo de Sautcheverel, subdiaconus, presentatus ad medietatem ecclesie de Minstretone, per Eustachium de Moretone, facta prius inquisitione per R., Archidiaconum Leircestrie, per quam, etc., ad eandem medietatem admissus est, etc. Et mandatum est dicto Archidiacono ut, etc. Injunctum est etiam dicto H., clerico, sub debito juramenti et sub pena beneficii amittendi, quod scolas frequentet et addiscat, et quod infra annum veniat examinandus.

―――――

[*William de Pekintone, sub-deacon, presented by Robert Mutun, is instituted to the church of Packington.*]

PEKYNGTONE.—Willelmus de Pekintone, subdiaconus, presentatus per Robertum Mutun ad ecclesiam de Pekintone, facta prius inquisitione per R., Archidiaconum Leircestrie, per quam, etc., ad eandem admissus est, etc. Et mandatum est dicto Archidiacono ut, etc. Injunctum est etiam dicto, W., sub debito juramenti, etc., ut supra, et maxime de cantu.

[*William de Pratis, sub-deacon, presented by William de Wastenay, patron of one mediety, and by Robert de Beiville, patron of the other, is instituted to the church of Kirby Bellars.*]

KYRKEBY.—Willelmus de Pratis, subdiaconus, presentatus per Willelmum de Wastenay, patronum unius medietatis, et Robertum de Beiville, patronum alterius medietatis ecclesie de Kirkeby, ad ipsam ecclesiam de Kirkeby, facta prius inquisitione per R., Archidiaconum Leircestrie, per quam, etc., ad eandem admissus est, etc. Et mandatum est dicto Archidiacono ut, etc.

[*Walter de Bereforde, sub-deacon, presented by the Abbot and Convent of Leicester, is instituted to the church of Hungarton.*]

HUNGERTONE.—Walterus de Bereforde, subdiaconus, presentatus per Abbatem et conventum Leircestrie ad ecclesiam de Hungertone, facta prius inquisitione per R., Archidiaconum Leircestrie, per quam, etc., ad eandem admissus est, etc. Et mandatum est dicto Archidiacono ut, etc. Injunctum est etiam eidem Waltero de Bereforde, sub debito juramenti et sub pena beneficii amittendi, quod scolas frequentet et addiscat.

[*William Malore, sub-deacon, presented by the Countess of Winchester, is instituted to the church of Syston.*]

SYTHESTONE.—Willelmus Malore, subdiaconus, presentatus per M. de Quency, Comitissam Wintonie, ad ecclesiam de Sythestone, facta prius inquisitione per R., Archidiaconum Leircestrie, per quam, etc., ad eandem admissus est, etc. Et mandatum est dicto Archidiacono ut, etc.

[*Adam de Overtone, chaplain, presented by William de Quatuor Maris, is instituted to the church of Goadby Marwood.*]

GOUCEBY.—Adam de Overtone, capellanus, presentatus per Willelmum de Quatuor Maris, militem, ad ecclesiam de Gouceby, facta prius inquisitione per R., Archidiaconum Leircestrie, per quam, etc., ad eandem admissus est cum onere et pena vicariorum, etc. Et mandatum est dicto Archidiacono ut, etc.

[*On the dorse :—*]

[*John de Capella, monk, presented by the Abbot and Convent of Lire, Normandy, is admitted Prior of Hinckley, on the resignation of Richard de Capella.*]

Johannes de Capella, monachus, presentatus per Abbatem et conventum de Lyra ad prioratum de Hincla, vacantem per resignationem Ricardi de Capella litteratorie factam, sigillis Episcopi Ebroicensis et Abbatis de Becco litteris resignationis appensis, et impotentia sua revertendi ad partes istas ob id tam per litteras ipsas quam per testes idoneos sufficienter probata, cum negotium per hec esset in expedito, ad eundem prioratum admissus est, et in eo Prior per librum, sicuti moris est, institutus, obedientie sacramento sollempniter subsecuto. Et mandatum est R., Archidiacono Leircestrie, ut dicto J. corporalem predicti prioratus possessionem habere faciat. Actum quinto Idus Octobris apud Ludam in camera Roberti Archidiaconi Lincolnie, presentibus eodem Archidiacono, Willelmo Subdecano, Radulfo de Warraville, Willelmo de Wynchecumbe, et Thoma de Askeby, canonicis Lincolniensibus, Magistro Waltero de Wermenistre et Stephano de Castello, clericis.

---

[*Ralph de Lincolnia, canon of Croxton, nominated by the Abbots of Newhouse, Lincs., and Hull, Yorks., is admitted abbot of Croxton.*]

Frater Radulfus de Lincolnia, canonicus de Croxtone, resumptus in Abbatem ejusdem loci per Abbates de Neuhus et de Hal, a capitulo Premostratensi ad hoc specialiter missos, et per ipsos domino Episcopo presentatus, admissus est et ad officium pastorale, sicuti moris est, restitutus, sacramento de obedientia subsecuto. Et mandatum est Archidiacono loci quod ipsum R. habens pro Abbate quod suum interest ulterius exequatur.

---

[*On the face :*—]
ANNUS XXIII[us].

[*Philip Lovel, sub-deacon, presented by Nicholas de Verdune, is instituted to the church of Lutterworth, having on oath undertaken to purge himself of the charge of collusion between himself and the patron.*]

LUTTREWRTHE.—Philippus Lovel, subdiaconus, presentatus per Nicholaum de Verdune ad ecclesiam de Lottreworthe, facta prius inquisitione per R., Archidiaconum Leircestrie, per quam, etc., ad eandem admissus est, et in ea canonice persona institutus. Et mandatum est eidem Archidiacono ut, etc. Et sciendum est quod quia dictum fuit de collusione facta inter eundem Philippum et N. supradictum, idem Philippus sub debito juramenti sui suscepit onus purgandi se coram domino Episcopo, si fama in tantum laboret quod purgatio necessaria sit, cum super hoc fuerit requisitus.

[*Walter de Sauteby, chaplain, presented by the Abbot and Convent of Croxton, Leics., is instituted vicar of Croxton. The vicarage is described.*]

CROXTONE.—Walterus de Sauteby, capellanus, presentatus per Abbatem et conventum de Croxtone ad perpetuam vicariam ecclesie de Croxtone, facta prius inquisitione per R., Archidiaconum Leircestrie, per quam, etc., ad eandem admissus est, etc., cum onere ministrandi personaliter in eadem. Et mandatum est dicto Archidiacono ut, etc. Consistit autem dicta vicaria in toto altaragio, exceptis principali legato, agnis et lana, et medietate lini, et valet lx solidos ; nec est vicario mansus assignatus. Canonici vero omnia onera ipsius ecclesie debita et consueta sustinebunt.

---

[*Philip, sub-deacon, presented by William, son of Robert, is instituted to the church of Congerstone. The rights of Robert, chaplain, are reserved to him.*]

CONYNGESTONE.—Philippus de [*blank*], subdiaconus, presentatus per Willelmum filium Roberti ad ecclesiam de Coningestone, facta prius inquisitione per R., Archidiaconum Leircestrie, per quam, etc., ad eandem admissus est, etc., cum onere et pena vicariorum. Et mandatum est eidem Archidiacono ut, etc. ; salvo Rogero, capellano, jure suo, si quid habet, in ipsius ecclesie vicaria.

---

[*William de Erningeworth, deacon, presented by the Prior and Convent of Launde, Leics., is instituted to the church of Ashby Folville.*]

ESSEBY.—Willelmus de Erningeworthe, diaconus, presentatus per Priorem et conventum de Landa ad ecclesiam de Esseby Folville, facta prius inquisitione per R., Archidiaconum Leircestrie, per quam, etc., ad eandem sub pena concilii admissus est, etc. Et mandatum est dicto Archidiacono ut, etc. [*In the margin :*—] Desunt littere presentationis.

---

[*Ralph de Sempingehame, sub-deacon, presented by the Prior and Convent of Sempringham, Lincs., is instituted to the church of Thrussington. The rights of Hugh de Norhtgivele are reserved to him.*]

THURSTANESTONE.—Magister Radulfus de Sempingehame, subdiaconus, presentatus per Magistrum Priorem et conventum de Sempingeham ad ecclesiam de Turstanestone, facta prius inquisitione per R., Archidiaconum Leircestrie, per quam, etc., ad eandem admissus est, etc., salvo Hugoni de Norhtgivele, clerico, jure suo quod habet in eadem. Et mandatum est dicto Archidiacono ut, etc.

[*Benedict de Burgo, subdeacon, presented by the Abbot and Convent of Owston, Leics., is instituted to the church of Slawston.*]

SLAWSTONE.—Benedictus de Burgo, subdiaconus, presentatus per Abbatem et conventum de Osulvestone ad ecclesiam de Schlawestone, facta prius inquisitione per R., Archidiaconum Leircestrie, per quam, etc., ad eandem admissus est, etc. Et mandatum est eidem Archidiacono ut, etc.

———

[*Ralph de Draitone, chaplain, presented by J. de Capella, Prior of Hinckley, proctor for the Abbot and Convent of Lire, Normandy, is instituted to the church of Fenny Drayton.*]

DREYTONE.—Radulfus de Draitone, capellanus, presentatus per Fratrem J. de Capella, Priorem de Hinkala, procuratorem Abbatis et conventus de Lyra in Lincolniensi diocesi generalem, ad ecclesiam de Dreitone, facta prius inquisitione per R., Archidiaconum Leircestrie, per quam, etc., ad eandem admissus est, etc. Et mandatum est eidem Archidiacono ut, etc.

———

[*Robert, son of Hugh de Saleby, sub-deacon, presented by Hugh de Ringedone, after a dispute about the patronage, is instituted to the church of Kimcote.*]

KYNEMUNDECOTE.—Robertus, filius Hugonis de Saleby, subdiaconus, presentatus per Hugonem de Ringedone ad ecclesiam de Kinemundecote, facta prius inquisitione per R., Archidiaconum Leircestrie per quam, etc., ad eandem admissus est, etc. Et mandatum est eidem Archidiacono ut, etc. Memorandum de litteris domini Regis receptis ante institutionem predictam et continentibus quod cum Hugo de Ringedone, in curia ejusdem domini coram justiciariis suis apud Westmonasterium, peteret versus Priorem de Schelford advocationem ecclesie de Kinemunde-cote per assisam ultime presentationis ibi inde inter eos summonitam, idem Prior venit in eadem curia et recognovit eidem Hugoni presentationem suam ad eandem ecclesiam, et remisit et quietam clamavit eidem Hugoni et heredibus suis de se et successoribus suis totum jus et clamium quod habuit in eadem advocatione in perpetuum.

———

[*Nicholas Spigurnel, sub-deacon, presented by Godfrey Spigurnel, is instituted to the church of Shawell.*]

SCHAWELLE.—Nicholaus Spigurnel, subdiaconus, presentatus per Godefridum Spigurnel ad ecclesiam de Schawelle, facta prius inquisitione per R., Archidiaconum Leircestrie, per quam, etc., ad eandem admissus est, etc. Et mandatum est eidem Archidiacono ut, etc.

---

[*William de Hacworthingeham, sub-deacon, presented by the Master, Prioress and Convent of Stixwold, Lincs., after a dispute about the patronage, is instituted to the church of Muston.*]

MUSTONE.—Magister Willelmus de Hacworthingeham, subdiaconus, presentatus per Magistrum, Priorissam et conventum de Stikeswalde ad ecclesiam de Mustone, facta prius inquisitione per R., Archidiaconum Leircestrie, et receptis litteris domini Regis continentibus quod cum Willelmus de Albyn', coram justiciariis apud Westmonasterium summonitus esset ad respondendum Magistro de Stikeswaud quare non permittit eum presentare idoneam personam ad ecclesiam de Mustone, que vacat, etc., idem Willelmus per attornatum suum venit in eadem curia coram eisdem justiciariis nostris apud Westmonasterium, et recognovit et concessit advocationem predicte ecclesie esse jus ipsius Magistri, et remisit et quietum clamavit eidem Magistro pro se et heredibus suis totum jus et clamium quod habuit vel habere potuit, in predicta advocatione ; per que, etc., ad eandem admissus est, etc. Et mandatum est eidem Archidiacono ut, etc.

---

[*Richard de Leircestria, chaplain, presented by the Abbot and Convent of Leicester, is instituted to the church of Dishley.*]

DIXELE.—Ricardus de Leircestria, capellanus, presentatus ad ecclesiam de Dixele per Abbatem et conventum Leircestrie, facta prius inquisitione per R., Archidiaconum Leircestrie, per quam, etc., ad eandem admissus est, etc., cum onere et pena vicariorum. Et mandatum est eidem Archidiacono ut, etc.

---

[*Robert de Dunholme, sub-deacon, collated by the Bishop with the consent of the patron, the Prior of Ware, Herts., is instituted to the church of Belgrave. The ancient pension is reserved to the convent.*]

BELGRAVE.—Robertus de Dunholme, subdiaconus, cui dominus Episcopus, de assensu et voluntate Prioris de Ware, patroni ecclesie de Belgrave, ecclesiam ipsam contulit, ad presentationem ipsius Prioris ad eandem admissus est, etc. ; salvis dicto Priori debita et antiqua pensione de eadem et gratia domini, si quam ei ulterius ibidem de consensu capituli sui Lincolniensis duxerit faciendam. Et mandatum est Archidiacono Leircestrie, ut secundum formam predictum, etc.

[*Roger Blundus de Leicestria, chaplain, presented by the Master and Brethren of St. Lazarus of Burton, Leics., is instituted to the church of Galby.*]

GALBY.—Rogerus Blundus de Leicestria, capellanus, presentatus per Magistrum et fratres Sancti Lazari de Burtone ad ecclesiam de Galby, facta prius inquisitione per R., Archidiaconum Leicestrie, per quam, etc., ad eandem admissus est, etc. Et mandatum est eidem Archidiacono ut, etc.

———

[*William de Leicestria, chaplain, presented by the Abbot and Convent of Croxton, Leics., is instituted to the portion of Sproxton vacated by Roger Blundus. The portion is described.*]

PORTIO DE SPROXTONE.—Willelmus de Leicestria, capellanus, presentatus per Abbatem et conventum de Croxtone ad portionem que fuit Rogeri Blundi in ecclesia de Sproxtone, facta prius inquisitione per R., Archidiaconum Leicestrie, per quam, etc., ad eandem admissus est cum onere et pena vicariorum. Consistit autem ipsa portio in omnibus decimis et obventionibus spiritualibus feodi Johannis de Sproxtone in eadem villa ; et valet dicta portio vj marcas. Et mandatum est eidem Archidiacono ut, etc.

———

[*Alexander de Wetintone, chaplain, presented by the Master and Brethren of St. Lazarus of Burton, Leics., is instituted vicar of Lowesby. The vicarage is described.*]

LOUSEBI.—Alexander de Wetintone, capellanus, presentatus per Magistrum et fratres domus Sancti Lazari de Burtone ad vicariam ecclesie de Louseby, facta prius inquisitione per R., Archidiaconum Leicestrie, per quam, etc., ad eandem admissus est cum onere et pena vicariorum, etc. Consistit autem ipsa vicaria in omnibus minutis decimus ipsius parrochie, et omnibus oblationibus et obventionibus tam ad matricem ecclesiam quam ad capellam de Neutone provenientibus, et in terra ecclesie, cum manso ; salvo inde dictis fratribus loco competenti ad decimas suas et servientes suos ibidem necessarios recipiendos. Et habebit vicarius capellanum socium in capella predicta continue ministrantem sumptibus ipsius vicarii, qui de sinodalibus tantum respondebit ; et predicti fratres hospitium Archidiaconi et omnia alia onera dictas matricem ecclesiam et capellam contingentia, ordinaria, debita et consueta, sustinebunt. Et mandatum est Archidiacono Leircestrie ut, etc.

[*Alard de Arundelle, collated by the Bishop, is instituted to the church of Asfordby. A pension of 10 marks is reserved to the "Communa" of the canons of Lincoln.*]

ASFORDBY.—Magister Alardus de Arundelle, cui dominus Episcopus contulit ecclesiam de Asfordeby, facta prius inquisitione per W., Archidiaconum Leicestrie, per quam etc., ad eandem admissus est, salvis x marcis solvendis Preposito Commune Lincolniensis Ecclesie ad vinum et ad cetera, prout in carta inde facta continetur. Et mandatum est eidem Archidiacono ut etc.

[*On the dorse :—*]

[*Elias, monk of Daventry, remaining impenitent after excommunication, Richard de Keten', presented by John Sampsone, is admitted to his hermitage of Mirabel.*]

Cum Helyas, monachus de Daventria, quondam custos here-mitagii de Mirabel, propter manifestos excessus suos et notorios ibidem commissos excommunicatus, et in excommunicatione per annum et amplius pertinaciter perseverans incorrigibilis, illinc esset auctoritate domini Lincolniensis Episcopi Hugonis secundi sentent-ialiter amotus, Ricardus de Keten', capellanus, presentatus per Johannem Sampsonne, cum omnia essent in expedito, ad idem heremitagium cum pertinentiis admissus est, et in eo custos in-stitutus canonice. Et mandatum est Roberto, Archidiacono Leir-cestrie ut, etc.

[Mem. 7.]

## ANNUS XXIIII.

[*Robert de Drobrigge, sub-deacon, presented by the Prior and Convent of Tutbury, Staffs., is instituted to the church of Wymondham.*]

WYMUNDEHAM.—Robertus de Drobrigge, subdiaconus, presen-tatus per Priorem et conventum Tutesbiriensem ad ecclesiam de Wymundeham facta prius inquisitione per W., Archidiaconum Leircestrie, per quam negotium fuit in expedito, ad eandem ecclesiam admissus est, et in ea canonice persona institutus. Et mandatum est eidem Archidiacono quod ipsum in corporalem ecclesie predicte possessionem inducat.

[*Hugh de Watereberghive, chaplain, presented by the Prior and Convent of Chacombe, Northants., is instituted vicar of Dalby Magna. The vicarage is described.*]

DANBY.—Hugo de Watereberghive, capellanus, presentatus per Priorem et conventum de Chaucumbe ad vicariam ecclesie de Dauby Chaucumbe, facta prius inquisitione per W., Archidiaconum

Leircestrie per quam etc., ad eandem admissus est etc., cum onere et pena vicariorum. Et mandatum est eidem Archidiacono ut etc. Consistit autem ipsa vicaria in toto altalagio ipsius ecclesie cum manso competente. Vicarius solvet synodalia tantum, Prior autem et conventus omnia onera ordinaria sustinebunt.

---

## ANNUS XXV.

[*Walkelin de Rol', chaplain, presented by the Abbot and Convent of Leicester, is instituted to the church of Wanlip.*]

ANELEPE.—Walkelinus de Rol', capellanus, presentatus per Abbatem et conventum Leicestrie ad ecclesiam de Anelepe, facta prius inquisitione per Willelmum, Archidiaconum Leircestrie, et receptis litteris Walteri de Bristollia, quondam rectoris ejusdem, in ecclesia de Hildesdone per dominum Londiniensem de novo instituti, super resignatione juris quod in ecclesia predicta de Anlepe habuit, et Roberto de Bartone, capellano, juri suo, si quod in eadem ecclesia habuit vel habere videbatur, expresse renuntiante, per que negotium fuit in expedito, ad eandem ecclesiam admissus est dictus Walkelinus, et in ea canonice persona institutus. Et mandatum est dicto Archidiacono ut ipsum Walkelinum in corporalem ecclesie predicte possessionem inducat.

---

[*Richard de Monte Sorelli, presented by William Frumentin, is instituted to the chapel of North Cotes (parish of Prestwold).*]

COTES.—Ricardus de Monte Sorelli [*blank*], presentatus per Willelmum Frumentin ad capellam de Cotes, facta prius inquisitione per Willelmum, Archidiaconum Leircestrie, per quam etc., ad eandem admissus est cum pena et onere etc. Et mandatum est eidem Archidiacono ut etc. [*In the margin :—*] Subdiaconus est.

---

[*Thomas de Andely, deacon, collated by the Bishop, the patronage being in dispute, is instituted to the church of Appleby.*]

APPELBY.—Thomas de Andely, diaconus, cui dominus Episcopus ecclesiam de Appelby auctoritate Concilii contulit, ad eandem admissus est, et in ea canonice persona institutus, salvo imposterum jure presentandi ad eam ei vel eis qui jus patronatus evicerint in eadem. Et mandatum est W., Archidiacono Leircestrie, ut etc. Postmodum vero recepit dominus Episcopus litteras domini Regis continentes quod Prior de Lithum recuperavit seisinam suam in curia ipsius domini Regis, coram justiciariis suis apud        nasterium, per considerationem ejusdem curie versus Willelmum filium Willelmi, de advocatione ecclesie de Appleby. Item recepit dominus Episcopus alias litteras regias continentes quod cum Willelmus de Vernun summonitus esset in curia predicta coram justiciariis eisdem apud Westmonasterium ad respondendum dicto Priori de placito quare non permisit ipsum Priorem presentare idoneam personam ad ecclesiam de Appelby, que vacat etc., idem W. venit in eadem curia et concessit ei presentationem suam ad ecclesiam predictam, et quod dominus Episcopus, non obstante reclamatione predictorum, idoneam personam admitteret ad ecclesiam antedictam.

---

[*William de Fulbec, sub-deacon, collated by the Bishop, is instituted to the church of Asfordby. A pension is reserved to the "Communa" of the canons of Lincoln.*]

ESFORDBY.—Willelmus de Fulbec, subdiaconus, cui dominus Episcopus ecclesiam de Esfordeby contulit, ad eandem admissus est et in ea canonice persona institutus, salvis inde decem marcis annuis solvendis Preposito commune Lincolniensis Ecclesie ad vinum etc., prout in carta domini Episcopi H. secundi et sui capituli inde facta continetur. Et mandatum est Willelmo, Archidiacono Leircestrie, ut etc.

---

[*Walter de Anneforde, sub-deacon, presented by William, Prior of Ware, Herts., proctor for the Abbot and Convent of St. Evroult, is instituted to the church of Carlton Curlieu.*]

KARLETONE.—Magister Walterus de Anneford, subdiaconus, presentatus per Willelmum, Priorem de Wara, generalem procuratorem Abbatis et conventus Sancti Ebrulfi in Anglia, patronorum ecclesie de Karletone, facta prius inquisitione per W., Archidiaconum Leircestrie, per quam etc., ad eandem ecclesiam admissus est et in ea canonice persona institutus. Et mandatum est eidem Archidiacono ut etc.

---

[*Hugh de Wikingestone, chaplain, presented by the Abbot and Convent of Leicester, is instituted vicar of Enderby. The vicarage is described.*]

ENDREBY.—Hugo de Wikingestone, capellanus, presentatus per Abbatem et conventum Leircestrie, ad vicariam ecclesie de Endredeby, facta prius inquisitione per W., Archidiaconum Leicestrie, per quam etc., ad eandem admissus est cum onere et pena vicariorum. Consistit autem ipsa vicaria in toto altaragio cum una virgata terre, set nescit capitulum utrum sit taxata per dominum Episcopum ; et valet vj marcas. Et mandatum est eidem Archidiacono ut etc.

[*Thomas de Andely, clerk, presented by the Prior of Lytham, is instituted to the church of Appleby.*]

APPLEBY.—Thomas de Andely, clericus, presentatus per Priorem de Lithum ad ecclesiam de Appleby, facta prius inquisitione per W., Archidiaconum Leicestrie, per quam etc., ad eandem admissus est, et in ea canonice persona institutus. Et mandatum est eidem Archidiacono ut etc.

[*Nicholas de Belvero, chaplain, presented by William de Albiniaco, is instituted to the church of Bottesford. The vicarage is reserved to Henry, chaplain.*]

BOTLESFORDE.—Nicholaus de Belvero, capellanus, presentatus per Willelmum de Albiniaco ad ecclesiam de Botlesforde, facta prius inquisitione per W., Archidiaconum Leicestrie, per quam etc., ad eandem admissus est ; salva Henrico capellano vicaria sua quam habet in eadem, que consistit ut supra, anno xv. Et mandatum est eidem Archidiacono ut etc.

[*On the dorse :—*]

[*Richard de Paceio, monk of Lire, Normandy, presented by John, Abbot of Lire, proctor for his convent, is admitted Prior of Hinckley.*]

Frater Ricardus de Paceio, monachus de Lira, presentatus per Johannem, Abbatem Lire, generalem procuratorem sui conventus in Anglia, ad prioratum de Hinkela, vacantem per resignationem Johannis de Capella, ultimo Prioris ejusdem, ad eundem admissus est et in eo canonice Prior per librum, ut moris est, institutus, obedientie sacramento sollempniter subsecuto. Et mandatum est W., Archidiacono Leircestrie, ut etc. Promisit autem idem Abbas in verbo Domini quod cum in partes suas venerit, litteras presentationis sigillo suo et sui conventus signatas domino Episcopo transmitti pro viribus procurabit.

[*Robert, canon of Bradley, elected by the Brethren with the consent of Robert de Burnebu, is admitted Master of the same house.*]

Frater Robertus de [*blank*], canonicus de Bradeleia, electus in Magistrum ejusdem domus per fratres ibidem, interveniente assensu Roberti de Burnebu, ipsius domus patroni, factaque inquisitione per Willelmum Archidiaconum Leicestrie, per que etc., ad eandem admissus est, et in ea Magister per librum, sicut moris est, canonice institutus, obedientie sacramento sollempniter subsecuto. Et mandatum est eidem Archidiacono ut etc.

———

## ANNUS XXVI^{us}.

*[Robert de Davintria, sub-deacon, collated by the Bishop without prejudice to the patron's rights at any future vacancy, is instituted to the church of King's Norton.]*

NORTONE.—Robertus de Davintria, subdiaconus, cui dominus Episcopus ecclesiam de Nortone, que fuit Johannis Gaitain, auctoritate contulit Concilii, ad eandem admissus est, et in ea canonice persona institutus, salvo jure cujuslibet cum ipsam alias vacare contigerit. Et mandatum est Archidiacono Leicestrie ut ipsum in corporalem dicte ecclesie possessionem inducat. Litere negotium istud contingentes sunt inter negotia facta.

———

*[Roger de Turberville, sub-deacon, collated by the Bishop, without prejudice to the patron's rights at any future vacancy, is instituted to the church of Oadby.]*

OUTHEBY.—Rogerus de Turberville, subdiaconus, cui dominus Episcopus, de mandato et auctoritate domini Pape, dispensantis cum eodem ad unicum beneficium curam habens annexam cum illo quod prius habuit, ecclesiam de Outheby cum pertinentiis suis assignavit, ad eandem admissus est etc., salvo patronis ipsius, cum ipsam alias vacare contigerit, jure suo presentandi ad eandem. Et mandatum est Archidiacono Leicestrie ut secundum formam premissam etc. Contradictores si qui fuerint vel rebelles etc. De mandato domini Pape et ejusdem dispensatione inveniri poterit a tergo, videlicet, a parte opposita.

———

*[Alured de Sloutra, collated by the Bishop, without prejudice to the patron's rights at any future vacancy, is instituted to the church of Blaby. The vicarage is reserved to John de Ginghet, who must pay 2 shillings a year to the parson.]*

BLABY.—Aluredus de Sloutra [*blank*], cui dominus Episcopus ecclesiam de Blaby cum pertinentiis suis, auctoritate contulit Concilii, ad eandem admissus est, et in ea canonice persona etc.; salva Johanni de Ginghet vicaria sua quam habet in eadem, qui dictam ecclesiam tenebit totaliter, reddendo inde dicto A., et successoribus suis, ipsius ecclesie personis, duos solidos annuos nomine pensionis, et salvo patronis ipsius, cum eam alias vacare contigerit, jure suo presentandi ad eandem. Et mandatum est Archidiacono Leircestrie ut etc.

[*On the dorse :—*]

[*Letter from Pope Gregory IX to R., bishop of Chichester, permitting Roger de Turbervillē to hold more than one benefice with cure of souls. The letter is dated Ap. 19th. Hugh de Welles had died the preceding Feb. 7, 1234/35.*]

Universis Christi fidelibus presens scriptum visuris, R., divina miseratione Cicestrensis ecclesie minister humilis, domini Regis cancellarius, salutem in domino. Mandatum domini Pape suscepimus in hec verba : "Gregorius Episcopus, servus servorum Dei, venerabili fratri Episcopo Cicestrensi, salutem et apostolicam benedictionem. Ex parte dilecti filii Rogeri de Turberville, clerici, fuit nobis humiliter supplicatum ut, cum idem, qui de nobili genere procreatus, litterature competentis existit, nondum nisi quoddam exile beneficium de quo, cum quindecim marcarum argenti valentiam, sicut dicit, annis singulis non excedat, nequaquam potest commode sustentari potuerit obtinere, ut aliud habens curam animarum annexam cum eodem recipere valeat, concedere sibi licentiam misericorditer dignaremur. Nos, igitur sicut convenit, attendentes quod, secundum generalis statuta Concilii, cum literatis et nobilibus possit per sedem apostolicam dispensari, fraternitati tue per apostolica scripta mandamus quatinus, si premissis veritas suffragatur, eidem ut preter illud, quod nunc optinere dinoscitur, aliud beneficium curam habens animarum annexam, si ei canonice offeratur, constitutione prefati Concilii non obstante, recipere libere valeat et retinere licenter auctoritate nostra concedas. Datum Laterani, xiij kalendas Maii pontificatus nostri anno octavo." Cum igitur de premissis nobis legittime constiterit, auctoritate mandati supradicti, dispensamus cum predicto Rogero ut, preter illud quod nunc obtinere dinoscitur aliud beneficium curam habens animarum annexam, si ei canonice offeratur, constitutione Concilii generalis non obstante recipere valeat et licenter retinere. Datum Londonie per manum Ernisii, procuratoris Cicestrensis, quinto decimo kalendas Julii anno eodem.

---

[*Letter from the same Pope to* (*name left blank*) *Bishop of Lincoln, desiring a benefice to be conferred on R., rector of Oddington, Oxon.*]

Gregorius Episcopus, servus servorum Dei, venerabili fratri [*blank*], Episcopo Lincolniensi, salutem et apostolicam benedictionem. Dilectus filius R., rector ecclesie de Ottendune tue diocesis, nobis exposuit quod cum sit de nobilibus ortus natalibus et tam in liberalibus artibus quam in jure civili non modico tempore desudarit nondum tamen competens est ecclesiasticum beneficium assecutus, ex cujus redditibus vix potest per medietatem anni, sicut asserit sustentari. Quare super hoc sibi per sedem apostolicam provideri humiliter postulavit. Quocirca fraternitati tue per apostolica scripta mandamus quatinus ei hujusmodi beneficium optinere ob reverentiam apostolice sedis . . . . . . . . ex aliqua ecclesiarum tue caritatis . . . . . . quod deest de beneficio competenti suppleas, si rationabile aliquid non obsistat ; ita quod idem assecutum se gaudeat quod intendit, . . . . et nos donationem tuam possimus . . . . . . . contradictores per censuram ecclesiasticam appeliatione postposita compescendo. Datum Laterani xiiij kalendas Maii pontificatus nostri anno octavo.

# The Canterbury and York Society.

*GENERAL EDITOR: REV. F. N. DAVIS.*

## DIOCESE OF LINCOLN.

### VOL. II.

# Rotuli Hugonis de Welles,

## EPISCOPI LINCOLNIENSIS,

A.D. MCCIX—MCCXXXV.

VOLUME II.

London :

ISSUED FOR THE CANTERBURY AND YORK SOCIETY

AT 124, CHANCERY LANE.

MDCCCCVII.

# PREFACE.

THE contents of Volume II of the Rolls of Hugh de Welles are the work of several hands. The institutions of the Oxford Archdeaconry were transcribed and prepared for the press by the Rev. H. E. Salter, M.A., Vicar of Shirburn, whose acquaintance with Oxfordshire is evidenced by his articles in the County History, and by his edition of the Eynsham Cartulary. Mr. Salter also transcribed and edited the unique "Roll of Charters" of the Archdeaconry of Northampton printed on pages 183-272.

Mr. W. P. W. Phillimore, M.A., B.C.L., took charge of the Archdeaconry of Buckingham.

In order that the identifications of the place-names might be quite accurate, where possible local experts were consulted, and Mr. A. P. Moore, M.A., B.C.L., the Archdeacon of Leicester's Registrar, kindly read the proofs of his own Archdeaconry, while the Rev. R. M. Serjeantson, M.A., F.S.A., Rector of St. Peter's, Northampton, and Editor of the *Victoria History of Northamptonshire*, very generously found time to look through both the rolls relating to that county.

The thanks of the General Editor are gratefully offered to these students of English local history and antiquities, for placing at his disposal knowledge which otherwise it would have been difficult or impossible to obtain.

F. N. D.

# CONTENTS.

———

# CORRIGENDA ET ADDENDA.

Page 11, line  5, *for* "dicta" *read* "debita".
 ,,  21,  ,,  24, *delete* "the chapel of".
 ,,  42,  ,,   9, *for* "istio" *read* "istis".
 ,,  49,  ,,  29, *for* "Lincolniensem" *read* "Lincolniensis".
 ,,  51,  ,,  22, *for* "12 Kal. June 4, Pope etc." *read* "12 Kal. June,
                                 4 Pope etc."
 ,,  52,  ,,   4, *for* "admissit" *read* "admisit".
 ,,  53,  ,,   3, *after* "dispensatere" *insert* "(sic)".
 ,,  54,  ,,  34, *for* "sancti" *read* "sancte".
 ,,  55,  ,,  13, *for* "moiety" *read* "vicarage of a mediety".
 ,,  62,  ,,  39, *for* "decimis in ipsi" *read* "[de] decimis in ipsa".
 ,,  64,  ,,   3, *for* "enitit" *read* "evicit".
 ,,  64,  ,,   5, *for* "Kalendars" *read* "Kalendas".
 ,,  64,  ,,  37, *for* "vicarie" *read* "vicaria".
 ,,  66,  ,,  32, *before* "Oxon." *insert* "now".
 ,,  68,  ,,   8 & 37, *for* "subdiacono" *read* "subdiaconum".
 ,,  68,  ,,  27, *for* "Tiwso" *read* "Tywa".
 ,,  69,  ,,  37, *for* "suam" *read* "sua".
 ,,  70,  ,,  30, *for* "Rathomagum" *read* "Rothomago".
 ,,  72,  ,,  22, *for* "presentatione" *read* "presentationi".
 ,,  73,  ,,  33, *for* "decimus" *read* "decimis".
 ,,  75,  ,,  15, *for* "quoadvixerat" *read* "quoadvixerit".
 ,,  75,  ,,  31, *for* "decimus" *read* "decimis".
 ,,  76,  ,,   2, *for* "Nostley" *read* "Nostell".
 ,,  80,  ,,  22, *for* "Winchester" *read* "Chichester".
 ,,  80,  ,,  28, *for* "Regio" *read* "Regis".
 ,,  82,  ,,  26, *for* "debita" *read* "debito".
 ,,  86,  ,,  24, *for* "Lord's" *read* "Lady's".
 ,,  86,  ,,  31, *for* "tota" *read* "toto".
 ,,  86,  ,,  32, *insert* comma after "feni".
 ,,  86,  ,,  38, *for* "debitur" *read* "debetur".
 ,,  87,  ,,  11 & 12, *delete* "to be".
 ,,  88,  ,,  16, *for* "gratiam" *read* "gratam".
 ,,  88,  ,,  22, *for* "voster" *read* "vester".
 ,,  88,  ,,  39, *for* "quam" *read* "quia".
 ,,  89,  ,,  17, *delete* "de" *before* "Mauduit".
 ,,  90,  ,,  10, *for* "Master" *read* "Prior".
 ,,  90,  ,,  30, *for* "curuum" *read* "curvum".
 ,,  90,  ,,  31, *for* "tamen" *read* "tantum".
 ,,  90,  ,,  37, remove comma from after "facta", and place it before the
                                 same word "facta".
 ,,  91,  ,,  11, *for* "salvi" *read* "salvis".
 ,,  91,  ,,  32, *for* "appellatione" *read* "appellationi".
 ,,  93,  ,,  35, *for* "capellam" *read* "capella".
 ,,  94,  ,,  16, *for* "subjacerunt" *read* "subjecerunt".
 ,,  95,  ,,  19, *for* "assinuantur" *read* "assumantur".
 ,,  95,  ,,  19, *for* "honeste" *read* "honesti".
 ,,  95,  ,,  20, *for* "puritatis" *read* "pariter".
 ,,  96,  ,,  27, *for* "officio" *read* "officium".
 ,,  97,  ,,  19, *for* "Oakley" *read* "Akeley".
 ,, 204, the head note "p. 115" should be "p. 113 .
 ,, 210,  ,,   ,,    ,, "p. 133"  ,,    ,, "p. 123".
 ,, 212,  ,,   ,,    ,, "p. 108"  ,,    ,, "p. 128".

# Archidiaconatus Bedefordie.

*[Ralph, chaplain, presented by the Prior and Convent of Merton, is instituted to a vicarage of five marks at St. Peter's de Merton, Bedford. A pension of two marks is annually due to the Convent, and is to be increased to five marks when the vicarage allows.]*

BEDEFORDE SANCTI PETRI.—Facta inquisitione per Magistrum S., Officialem Archidiaconi Bedefordie, super ecclesia beati Petri Bedefordie, per quam negotium fuit in expedito, Radulphus, cappellanus, ad presentationem Prioris et conventus de Meretone, admissus est ad perpetuam vicariam quinque marcarum in eadem ecclesia, et in ea canonice persona institutus, qui dictam ecclesiam tenebit nomine perpetue vicarie, reddendo inde ipsis Priori et conventui secundum statum presentem ipsius ecclesie duas marcas annuas nomine pensionis. Ita tamen quod si meliorari ceperit vicaria, crescat et ipsa pensio secundum augmentum meliorationis si fieri poterit usque ad quinque marcas, salva semper vicario integra porcione sua quinque marcarum ut predictum est. Et mandatum est dicto Officiali ut ipsum Radulphum juxta formam premissam in corporalem prefate vicarie possessionem inducat.

———

*[Richard, chaplain, presented by the representative of the Master of the Temple, is instituted vicar of Langford. One mark is annually due to the Templars. The vicarage is described.]*

LANGEFORDE.—Ricardus, cappellanus, presentatus per Fratrem Alanum Martell, gerentem vices Magistri Militie Templi in Anglia, ad vicariam perpetuam ecclesie de Langeforde, facta prius inquisitione per Magistrum S., Officialem Archidiaconi Bedefordie, per quam negotium fuit in expedito, ad ipsam, de assensu dicti Magistri per dominum Episcopum de novo ordinatam in eadem ecclesia, admissus est, et in ea canonice vicarius perpetuus institutus, salva fratribus Militie Templi una marca annua de predicta vicaria; que quidem vicaria consistit in altaragio prefate ecclesie et in omnibus spectantibus ad eam ecclesiam preter decimas garbarum et decimas provenientes de molendin[is], et preter terram ecclesie.

———

*[John de Winterborne, clerk, is instituted to the church of Chellington, in succession to Walter, preferred to Thrapstone.]*

CHELEWENTONE.—Magister Johannes de Winterborne, clericus, presentatus ad ecclesiam de Chelewentone, vacantem eo quod

Walterus, qui eam proximo possedit, suscepit post Concilium
ecclesiam de Trapstone, facta prius inquisitione per Magistrum S.,
Officialem Archidiaconi Bedefordie, per quam, etc., admissus est et
in ea canonice persona institutus. Et mandatum est dicto Officiali,
etc.

---

*[Robert de Sivelesho, deacon, presented by the Prior and Canons of Dunstable, is
    instituted vicar of Pulloxhill.   The vicarage is described.]*

PULLOKESHILLE.—Robertus de Siveleso, diaconus, presentatus per Priorem et canonicos de Dunestaplia ad perpetuam
vicariam ecclesie de Pullokeshelle, facta inquisitione per Magistrum
S., Officialem Archidiaconi Bedefordie, per quam negotium, etc.,
admissus est et in ea canonice vicarius perpetuus institutus.  Consistit autem dicta vicaria in toto altaragio illius ecclesie, in x acris
terre, et in tertia parte decimarum garbarum totius ville, preterquam
de feodo Willelmi Wiscardi et Henrici Buignum.  Et mandatum
est prefato Officiali, etc.

---

*[Stephen de Ekintone, presented by the Abbot and Convent of Ramsey, is instituted
    to the church of Shillington.   The ancient pension is reserved to the Monks.]*

SETLINGDONE.—Magister Stephanus de Ekintone, presentatus
per Abbatem et conventum de Rameseia ad ecclesiam de Sutling-
done, facta prius inquisitione per J., Archidiaconum Bedefordie, per
quam, etc., admissus est et in ea canonice persona institutus, cum
prius esset vicarius, salva dictis monachis debita et antiqua pensione
de eadem.  Et mandatum est dicto Archidiacono, etc.

---

*[Henry, chaplain, presented by the Prior and Convent of Dunstable, is instituted
    vicar of Studham.   The vicarage is described.  A pension of one mark is
    reserved to the Convent.]*

STODHAM VICARIA.—Henricus, cappellanus, presentatus per
Priorem et conventum de Dunstaplia ad perpetuam vicariam
ecclesie de Stodhame, ordinatam auctoritate Concilii, facta prius
inquisitione per J., Archidiaconum Bedefordie, per quam, etc.,
admissus est et in ea canonice vicarius perpetuus institutus.  Et
consistit dicta vicaria in toto altaragio ejusdem ecclesie cum manso
competente et continente circiter septem acras, salvis ipsis Priori et
canonicis de prefato altaragio, una marca annua et agnis.  Idem
autem vicarius solvet sinodalia et canonici hospitium Archidiaconi
procurabunt.  Et injunctum est Archidiacono presenti, etc.

[*John, chaplain, presented by the same, is instituted vicar of Totternhoe. The vicarage is described.*]

THOTERNHO VICARIA.—Johannes, cappellanus, presentatus per eosdem ad perpetuam vicariam ecclesie de Thoternho, ordinatam auctoritate Concilii, facta prius inquisitione per Archidiaconum Bedefordie, admissus est cum onere et pena vicariorum, et vicarius perpetuus institutus. Consistit autem dicta vicaria in toto altaragio ejusdem ecclesie, et in redditu decem denariorum de terra Ricardi Godwer, et in medietate decime feni de tota parrochia. Vicarius autem solvet sinodalia, et canonici procurabunt hospitium Archidiaconi. Et injunctum est Archidiacono, etc.

---

[*Richard, chaplain, presented by the same, is instituted vicar of Chalgrave. The vicarage is described.*]

CHAUGRAVA.—Ricardus, cappellanus, presentatus per eosdem ad perpetuam vicariam ecclesie de Chaugrava, ordinatam auctoritate Concilii, facta prius inquisitione per dictum Archidiaconum, admissus est cum onere et pena vicariorum. Consistit autem ipsa vicaria in toto altaragio, et in duabus croftis et gardino que sunt juxta ecclesiam, quarum major que est ex parte occidentali continet in se quatuor acras, et minor crofta cum gardino assignabitur ei pro manso, scilicet que est ex parte australi. Vicarius autem solvet sinodalia, et canonici procurabunt hospitium Archidiaconi. Et injunctum est Archidiacono, etc.

---

[*Geoffrey, chaplain, presented by the same, is instituted vicar of Husborne Crawley. The vicarage is described.*]

HUSSEBURNE VICARIA.—Galfridus, cappellanus, presentatus per eosdem ad perpetuam vicariam ecclesie de Husseburne, ordinatam auctoritate Concilii, facta prius inquisitione per eundem, admissus est cum onere et pena vicariorum. Consistit autem dicta vicaria in toto altaragio cum crofta et prato ex parte australi. Vicarius autem solvet sinodalia, et canonici procurabunt hospitium Archidiaconi. Et injunctum est Archidiacono, etc.

---

[*Robert, clerk, presented by the same, is instituted vicar of Segenhoe (now a part of Ridgemont). The vicarage is described.*]

SEGENHO VICARIA. — Robertus, clericus, presentatus per eosdem ad perpetuam vicariam ecclesie de Segenho, ordinatam auctoritate Concilii, facta prius inquisitione per eundem, admissus est cum onere et pena vicariorum. Consistit autem dicta vicaria in toto altaragio, exceptis agnis qui Priori et canonicis remanebunt.

Vicarius autem solvet sinodalia tantum, et canonici procurabunt hospitium Archidiaconi. Et injunctum est Archidiacono, etc. Sciendum [est] etiam quod in omnibus hiis quinque vicariis de Dunstaplia canonici sustinebunt omnia onera ecclesiarum debita et consueta et etiam tallagia, preter sinodalia, que vicarius sustinebit.

---

### ANNUS DUODECIMUS.

[*Matthew, chaplain, presented by the Abbess and Nuns of Elstow, is instituted vicar of Kempston. The vicarage is described. A pension of 40s. is reserved to the Nuns.*]

CAMESTONE VICARIA.—Matheus, cappellanus, presentatus per Abbatissam et moniales de Elnestowe ad perpetuam vicariam ecclesie de Camestone, facta prius inquisitione per J., Archidiaconum Bedefordie, etc., admissus est et vicarius perpetuus institutus. Et consistit dicta vicaria in toto altaragio illius ecclesie et manso juxta ecclesiam cum crofta ad vicariam assignato, salvis dictis monialibus quadraginta solidis annuis per manus vicarii de ipso altaragio nomine perpetui beneficii percipiendis, et oblatione candele die Purificationis ad ipsam ecclesiam proveniente. Et injunctum est dicto Archidiacono, etc.

---

[*Richard de Greneforde, presented by the Dean and Chapter of St. Paul's, London, is instituted to a mediety of the church of Caddington. A pension is reserved to the Chapter.*]

CADENDONE.—Magister Ricardus de Greneforde, presentatus per Decanum et capitulum Londonienses ad medietatem ecclesie de Cadindone que fuit Willelmi de Gudnay, facta prius inquisitione per Decanum de Luitone, etc., admissus est et persona institutus, salva dicto capitulo de ipsa medietate debita et antiqua pensione. Et mandatum est Archidiacono Bedefordie.

---

[*Elias, chaplain, presented by the Prioress and Convent of Holywell, London, is instituted vicar of Dunton. The vicarage is described.*]

VICARIA DE DUNTONE.—Helyas, cappellanus, presentatus per Priorissam et conventum de Halliwelle Londoniarum ad vicariam ecclesie de Duntone, facta prius inquisitione per J., Archidiaconum Bedefordie, etc., admissus est et vicarius perpetuus institutus. Vicaria autem perpetua predicta consistit in toto altaragio illius ecclesie, nichil inde solvendo, et respondebit vicarius de episcopalibus consuetudinibus et procuratione Archidiaconi. Et mandatum est Archidiacono, etc.

[*On the dorse:—*]

## ANNUS DUODECIMUS.

[*Walter de Hosa, clerk, receives conditionally a parsonage of 16s. in the church of Farndish.*]

FERNEDISC.—Walterus de Hosa, clericus, presentatus ad personatum sedecim solidorum in ecclesia de Fernedisc per Bartholomeum de Hosa, custodiam ejusdem personatus usque festum Sancti Michaelis proximum, anno pontificatus domini Episcopi xij°, est adeptus, ut interim scolas excerceat et addiscat; sin autem custodia illa privabitur et ecclesia illa alii conferetur. Et mandatum est Officiali Bedefordie, etc.

———

[*On the face of the roll:—*]

## ANNUS TERTIUS DECIMUS.

[*Nicholas de Breaute, presented by Peter de Malo Lacu and William de Sancto Remigio, is instituted to the church of Wilden after William de Sancto Edwardo, who had been presented by Peter de Malo Lacu to one mediety of the church, had renounced his presentation.*]

WILDENE.—Nicholaus de Breaute, presentatus per dominum Petrum de Malo Lacu et per Willelmum de Sancto Remigio ad ecclesiam de Wildene, facta prius inquisitione per J., Archidiaconum Bedefordie, et W. de Sancto Edwardo, clerico, per dictum Petrum de Malo Lacu ad alteram medietatem dicte ecclesie prius presentato, dicte presentationi prius renuntiante, ad eandem ecclesiam admissus est sub pena Concilii, et institutus. Et injunctum est dicto Archidiacono, etc. [*In the margin:—*] Faciat nobis habere litteras presentationis domini Petri de Malo Lacu.

———

[*William de la Merke, clerk, presented by the Prior and Convent of Merton, is instituted to the church of Milton Bryant. A pension is reserved to the Convent.*]

MIDDELTONE.—Willelmus de la Merke, clericus, presentatus per Priorem et conventum de Meretone ad ecclesiam de Middelton, facta prius inquisitione per Archidiaconum Bedefordie, etc., admissus est et persona institutus, cum onere residendi in eadem, et eidem in officio sacerdotali personaliter deserviendi, salva dictis Priori et conventui annua dimidie marce pensione de predicta ecclesia, si eam probaverint esse debitam et antiquam. Et mandatum est dicto Archidiacono, etc.

[*Hugh de Saleforde, chaplain, presented by Simon Passelewe, is instituted to the church of Hulcote.*]

HOLECOTE.—Hugo de Saleforde, cappellanus, presentatus per Simonem Passelewe ad ecclesiam de Holecote, J., Archidiacono, presente et attestante omnia fuisse in expedito per inquisitionem factam per eum, quam tamen non habemus, admissus est et persona institutus cum onere residendi, etc. Et injunctum est dicto Archidiacono, etc.

[*Richard Bernard, clerk, presented by the Prior and Convent of St. Neots, is instituted to the church of Tempsford. A pension of six marks is reserved to the Monks.*]

TAMISEFORDE.—Ricardus Bernard, clericus, presentatus per Priorem et conventum de Sancto Neoto ad ecclesiam de Tamiseforde, facta prius inquisitione per Archidiaconum Bedefordie per quam, etc., admissus est et persona institutus cum onere ad proximos ordines veniendi ut in subdiaconum ordinetur, salva predictis monachis de prefata ecclesia pensione sex marcarum annuarum. Et mandatum est dicto Archidiacono, etc.

[*Robert de Ikelesford, chaplain, presented by the Prior and Convent of Newenham, is instituted to the church of All Saints, Bedford. A pension of 12s. is reserved to the Canons.*]

OMNIUM SANCTORUM BEDEFORDE.—Robertus de Ikelesforde, capellanus, presentatus per Priorem et conventum de Newenham ad ecclesiam Omnium Sanctorum de Bedefordia, facta prius inquisitione per Magistrum S., Officialem Bedefordie, per quam, etc., admissus est et canonice persona institutus, cum onere residendi in eadem ecclesia et eidem in officio sacerdotali serviendi, salva eisdem Canonicis pensione de eadem ecclesia xij solidorum per Episcopum et capitulum Lincolnienses eis confirmata.

[*William de Cava, clerk, presented by the Abbot and Convent of La Couture, Le Mans, the Earl of Pembroke having renounced his claim to the patronage, is instituted to the church of Toddington. A pension is reserved to the Monks.*]

TUDDINGTONE.—Willelmus de Cava, clericus, presentatus per Abbatem et conventum de Cultura ad ecclesiam de Tuddingdone, nobili viro W. Marscall, Comite Penbrochie, renuntiante prius juri quod se dicebat habere in patronatu ipsius ecclesie, admissus est et persona canonice in ea institutus, salva dictis monachis portione ejusdem ecclesie per dominum Episcopum et capitulum suum Lincolnienses eis concessa. Et mandatum est dicto Archidiacono quod Ricardum de Cernay, clericum, in corporalem ejusdem ecclesie possessionem loco dicti Willelmi inducat.

[*On the dorse :—*]

## ANNUS TERTIUS DECIMUS.

[*Richard Burnard is given custody of the church of Tempsford.*]

TAMISEFORDE.—Ricardus Burnarde, clericus, presentatus per Priorem et conventum de Sancto Neoto ad ecclesiam de Tameseforde, custodiam illius ecclesie est adeptus. Et mandatum est Archidiacono Bedefordie.

[*Walter de Hosa is given custody of the church of Farndish for a year.*]

FERNEDICH.—Waltero de Hosa, clerico, commissa est custodia ecclesie de Fernedich usque in annum post festum Sancti Johannis Baptiste anno pontificatus domini Episcopi xiij, et mandatum est Archidiacono Bedefordie quod interim provideat ut eidem ecclesie per capellanum idoneum deserviatur, etc.

[Mem. 2.]

## ANNUS QUARTUS DECIMUS.

[*Roger de Weseham, presented by the Abbess and Nuns of Elstow, is instituted to the prebend of Elstow, held by Henry, chaplain.*]

ELNESTOWE.—Magister Rogerus de Weseham, presentatus per Abbatissam et moniales de Elnestow ad prebendam de Elnestow quam Henricus, capellanus, proximo possedit, ad eandem admissus est, et canonice persona in ea institutus, salva ordinatione domini Episcopi. Et injunctum est Archidiacono Bedefordie, presenti, etc. Idem autem Archidiaconus cavit pro dicto Magistro Rogero quod veniet facturus obedientiam, ut moris est, domino Episcopo et deserviet personaliter in officio sacerdotali illi prebende.

[*Richard de Oxonia, clerk, presented by the Prior and Convent of Dunstable, after a dispute about the patronage, is instituted to the church of Harlington.*]

HERLINGDONE.—Ricardus de Oxonia, clericus, presentatus per Priorem et conventum de Dunestaplia ad ecclesiam de Herlingdune, facta prius inquisitione per Archidiaconum Bedefordie, per quam, etc., susceptis litteris domini Regis quod cum assisa ultime presentationis summonita esset inter Ricardum Pirot, petentem, et Priorem de Dunestaplia, deforciantem, de advocatione ejusdem ecclesie idem Ricardus recognovit in curia advocationem predicte ecclesie esse jus ipsius Prioris et ecclesie sue de Dunestaplia, admissus est et in ea canonice persona institutus, salva ordinatione domini Episcopi.   Et mandatum est Archidiacono Bedefordie, etc.

---

[*Henry de Carlion, clerk, presented by the Prior and Convent of Newenham, after a dispute about the patronage, is instituted to the church of Aspley Guise.*]

ASPEL'.—Henricus de Carlion, clericus, presentatus per Priorem et conventum de Newenham ad ecclesiam de Aspel', facta prius inquisitione per Magistrum S., Officialem Archidiaconi Bedefordie, etc., et susceptis litteris domini Regis quod dicti Prior et canonici de Newenham coram Justiciariis suis apud Westmonasterium per considerationem curie ipsius domini Regis recuperaverunt presentationem suam ad eandem ecclesiam de Aspel' versus Priorem et conventum de Dunstapellia et dominum Falk de Breaut', et quod non obstante reclamatione ipsorum, etc., admissus est et in ea canonice persona institutus.   Et injunctum est ei ut ad proximos ordines domini Episcopi post Pascha anno pontificatus ejusdem domini Episcopi [xiiii] veniat in subdiaconum ordinandus. Et mandatum est Archidiacono Bedefordie, etc.   [*In the margin :*—] Non habemus litteras presentationis.

---

[*Eustace, chaplain, presented by the Prior and Convent of Dunstable, is instituted vicar of Chalgrave.*]

CHAUGRAVE.—Septimo idus Junii Eustachius, capellanus, presentatus per Priorem et conventum de Dunestaplia ad perpetuam vicariam de Chaugrave, facta prius inquisitione per Officialem Bedefordie, per quam, etc., admissus est et perpetuus vicarius institutus, cum onere et pena vicariorum.   Et mandatum est Archidiacono Bedefordie, etc.   Illa vicaria taxata est in rotulis cartarum duodecimi anni ejusdem Archidiaconatus.

---

[*Walter de la Hose, sub-deacon, presented by Bartholomew de la Hose, is instituted to the church of Farndish.*]

FERMEDICKE VICARIA.—Octavo kalendas Octobris Walterus de la Hose, subdiaconus, presentatus per Bartholomeum de la Hose ad ecclesiam de Fermedicke, facta prius inquisitione per J., Archidiaconum Bedefordie, etc., admissus est et [in] ea canonice persona institutus.   Et injunctum est ei ut scolas frequentet et addiscat. Alioquin, etc.   Injunctum est etiam Archidiacono, presenti, ut, etc.

[*Godfrey de Sancto Edmundo, chaplain, presented by the Abbot and Convent of Thorney, is instituted to the church of Bolnhurst. A portion is reserved to the Convent.*]

BOLEHURSTE.—Eodem die Godefridus de Sancto Edmundo, capellanus, presentatus per Abbatem et conventum de Thorney ad ecclesiam de Bolehurste, facta prius inquisitione per J., Archidiaconum Bedefordie, admissus est et in ea canonice persona institutus cum onere vicariorum et pena, salva (*sic*) jure (*from here to* possiderunt *written on an erasure*) predictorum Abbatis et conventus quod habent in portione quam ab antiquo possiderunt. Et injunctum est Archidiacono Bedefordie.

---

[*William de Pertesuyl, acolyte, presented by Richard de Pertenhale, is instituted to the church of Pertenhall, Hunts.*]

PERTENHALE.—Quinto nonas Octobris Willelmus de Pertesuyl, accolitus, presentatus per Ricardum de Pertenhale ad ecclesiam de Pertenhale, facta prius inquisitione per J., Archidiaconum Bedefordie, etc., admissus est [et] in ea canonice persona institutus. Ita tamen quod sub periculo beneficii sui scolas excerceat et in scolis addiscat, et quod veniat ad proximos ordines in subdiaconum ordinandus. Et mandatum est Archidiacono Bedefordie, etc.

---

[*Roger Gubiun, clerk, presented by the Prioress and Nuns of Markyate, is instituted to the church of Higham Gobion.*]

HECHAME.—Quartodecimo kalendas Decembris Rogerus Gubiun, clericus, per Priorissam et moniales de Bosco ad ecclesiam de Hechame presentatus, facta prius inquisitione per J., Archidiaconum Bedefordie, per quam, etc., admissus est et in ea canonice persona institutus, salva gratia quam dominus Episcopus et capitulum suum dictis monialibus in eadem ecclesia duxerint faciendam. Et mandatum est Archidiacono Bedefordie, etc.

---

## ANNUS QUINTUS DECIMUS.

[*Fulk de Monte Acuto, clerk, presented by the Prior of the Hospitallers, is instituted to the church of Risely. A pension of two shillings is reserved to the Hospital.*]

RYSLEYA.—Fulco de Monte Acuto, clericus, presentatus per Fratrem Robertum de Diva, Priorem Fratrum Hospitalis Jerosolamitani in Anglia ad ecclesiam de Risleya, facta prius inquisitione per J., Archidiaconum Bedefordie, per quam, etc., admissus est et in ea canonice persona institutus, salva dictis fratribus Hospitalis de eadem ecclesia duorum solidorum pensione si eam probaverint esse debitam et antiquam.  Et injunctum est dicto Archidiacono ut, etc.  Dub[itatur] de ordinatione.

———

[*Walter de Wercministr', clerk, presented by the Prior and Convent of St. Neots, after a dispute about the patronage, is instituted to the church of Knotting.*]

CNOTTINGE.—Walterus de Wercministr', clericus, presentatus per Priorem et conventum Sancti Neoti ad ecclesiam de Cnottinge, facta prius inquisitione per Magistrum S., Officialem Archidiaconi Bedefordie, per quam, etc., susceptis etiam litteris domini Regis quod Prior de Sancto Neoto in curia domini Regis coram Justiciariis suis apud Westmonasterium recuperavit saisinam suam versus Johannem Boscard de advocatione ecclesie de Contting (*sic*) per assisam ultime presentationis inde ibi inter eos captam, admissus est et in ea canonice persona institutus.  Et injunctum est Archidiacono Bedefordie, presenti, ut, etc.  Non est sub-diaconus.

———

[*Richard de Lada, clerk, presented by the Earl of Gloucester and Hertford as guardian of the heir of Walter de Tresly, after a dispute about the patronage, is instituted to the church of Northill.*]

NORTHGIVEL.—Ricardus de Lada, clericus, presentatus per nobilem virum Comitem Gloucestrie et Hertfordie, ratione custodie terre et Johannis, filii et heredis Walteri de Tresly, ad ecclesiam de Northgivel, admissus est, facta prius inquisitione per J., Archidiaconum Bedefordie, secundum articulos consuetos, et receptis litteris domini Regis continentibus quod Johannes de Tresly coram Justiciariis apud Westmonasterium per considerationem curie recuperavit saisinam suam de advocatione ecclesie de North-giuel' versus Radulphum de Tivill', ad eandem ecclesiam admissus est et in ea canonice persona institutus.  Et injunctum est dicto Archidiacono presenti ut, etc.  Veniet etiam idem Ricardus ad proximos ordines ordinandus in subdiaconum.

———

[Mem. 3.]

ANNUS XVI^us.

[*Richard, son of John de Swaneburne, sub-deacon, presented by the Prior and canons of Newenham, is instituted to the church of Aspley Guise.*]

ASPELAYA.—Ricardus, filius Johannis de Swaneburne, sub-diaconus, presentatus per Priorem et canonicos de Newenhame ad ecclesiam de Aspelaya, facta prius inquisitione per J., Archidia-conum Bedefordie, per quam, etc., admissus est et in ea canonice persona institutus.  Et injunctum est dicto Archidiacono ut, etc.

[*Geoffrey de Berkinges, sub-deacon, presented by Alice de Holewell, is instituted to the church of Holwell. An annual payment of five shillings is reserved to the Monks of Westminster.*]

HOLEWELLE.—Galfridus de Berkinges, subdiaconus, presentatus per dominam Aliciam de Hollewele, ad ecclesiam de Holewelle, facta prius inquisitione per J., Archidiaconum Bedefordie per quam, etc., admissus est et in ea canonice persona institutus. Et injunctum est dicto Archidiacono, presenti, ut, etc. ; salva de eadem monachis Westmonasteriensibus quinque solidorum annuorum perceptione, cum eam probaverint esse debitam et antiquam.

[*Thomas de Limberg, sub-deacon, presented by the Prioress and Nuns of Markyate, is instituted to the church of Higham Gobion. An annual payment of two marks is reserved to the Nuns.*]

HECHAME.—Thomas de Limberg, subdiaconus, presentatus per Priorissam et moniales Sancte Trinitatis de Bosco ad ecclesiam de Hechame, facta prius inquisitione per J., Archidiaconum Bedefordie, per quam, etc., admissus est et in ea canonice persona institutus, salva de eadem dictis monialibus duarum marcarum annuarum perceptione, et gratia domini Episcopi quam eis in eadem ulterius facere voluerit. Et injunctum est dicto Archidiacono, etc.

[*Peter de Topesfelde, sub-deacon, presented by the Earl of Gloucester and Hertford, as guardian of the heir of Walter de Treilly, after a dispute about the patronage, is instituted to a third part in the church of Southill.*]

SUDGIVEL'.—Petrus de Topesfelde, subdiaconus, presentatus per nobilem virum G. de Clare, Comitem Gloucestrie et Hertfordie, ad tertiam partem ecclesie de Suthgiuel', ratione custodie terre et Johannis, filii et heredis Walteri de Treilly, facta prius inquisitione per J., Archidiaconum Bedefordie, et receptis litteris domini Regis continentibus quod Johannes de Tresly coram Justiciariis apud Westmonasterium per considerationem curie recuperavit presentationem suam predicte tertie partis ecclesie de Suthgivel' versus Priorem de Neuhame, per que, etc., ad eandem tertiam partem admissus est et in ea canonice persona institutus. Et mandatum dicto Archidiacono ut, etc.

[*Benedict de Netteltone, clerk, is instituted to the church of Eyworth, collated by the Bishop. He is afterwards presented to both medieties by the lawful patrons, the dispute regarding patronage having been settled.*]

EYWRD.—Benedictus de Netteltone, clericus, cui dominus Episcopus ecclesiam de Eywurthe auctoritate contulit Concilii, salvo jure uniuscujusque qui jus patronatus evicerit in eadem, persona canonice in ea est institutus. Et mandatum est J., Archidiacono, ut dictum Benedictum secundum formam premissam, etc. Et facta fuit prius inquisitio per dictum Archidiaconum per quam, etc. Actum kalendis Aprilis. Idem etiam Benedictus presentatus postmodum per Priorissam et conventum Sancte Helene Londoniarum, patronas unius medietatis, et per Thomam Gravenel et Johannam uxorem ejus, patronos alterius medietatis, receptis prius litteris domini Regis continentibus quod omnes predicti in curia sua apud Westmonasterium recuperaverunt saisinam suam versus Abbatem de Wardune de advocatione ecclesie de Eywurthe, sicut predictum est, ad eandem ecclesiam iterum admissus est et persona institutus.

---

[*Geoffrey de Caune, clerk, presented by the Prior and Convent of Newenham, is instituted to the church of Aspley Guise.*]

ASPELAYA.—Galfridus de Caune, clericus, presentatus per Priorem et conventum de Newenhame ad ecclesiam de Aspelaya, facta prius inquisitione per J., Archidiaconum Bedefordie, per quam, etc., admissus est et in ea canonice persona institutus. Et injunctum est Archidiacono, presenti, ut, etc.

---

[*Gilbert, chaplain, presented by Nicholas, is instituted to the church of Tingrith.*]

TYNGREYA.—Gilbertus, cappellanus, presentatus per Nicholaum, patronum de Tingrie, ad ecclesiam de Tingrie, facta prius inquisitione per J., Archidiaconum Bedefordie, per quam, etc., admissus est et in ea canonice persona institutus, cum onere et pena vicariorum. Et injunctum est dicto Archidiacono, presenti, ut, etc.

---

[*Henry de Acholte, presented by the Abbot and Convent of Ramsey, is instituted to the church of Cranfield.*]

CRANFELDE.—Magister Henricus de Acholte, clericus, presentatus per Abbatem et conventum Ramesie ad ecclesiam de Cranfelde, facta prius inquisitione per J., Archidiaconum Bedefordie, per quam, etc., ad eandem admissus est, et in ea sub pena Concilii canonice persona institutus. Et mandatum est dicto Archidiacono ut secundum formam premissam, etc. [*Added later :*—] Subdiaconus est.

## ANNUS XVII<sup>US</sup>.

[*Richard Palmerius, chaplain, presented by Matthew de Leham, is instituted to the church of Little Barford.*]

BEREFORDE.—Ricardus Palmerius, capellanus, presentatus per Matheum de Leham, militem, ad ecclesiam de Bereforde, facta prius inquisitione per J., Archidiaconum Bedefordie, per quam negotium fuit in expedito, de consilio etiam ejusdem assidentis, ad eandem admissus est, et in ea canonice persona institutus. Et injunctum est dicto Archidiacono, presenti, ut, etc.

[*Gilbert de Bigrave, chaplain, presented by the Prioress and Convent of Markyate, is instituted vicar of Sundon.*]

SUNEDONE.—Gilbertus de Bigrave, capellanus, presentatus per Priorissam et conventum Sancte Trinitatis de Bosco ad vicariam ecclesie de Sunedene, facta prius inquisitione per J., Archidiaconum Bedefordie, per quam, etc., ad eandem admissus est, et in ea cum onere et pena vicariorum, etc. Et injunctum est dicto Archidiacono ut, etc. Non habemus ordinationem penes nos.

## ANNUS XVIII<sup>US</sup>.

[*Richard de Trippelawe, sub-deacon, presented by the Abbot and Convent of Leicester, is instituted to the church of Sharnbrook. A pension of eight marks is reserved to the Convent.*]

SCHARNEBROC.—Ricardus de Trippelawe, subdiaconus, presentatus per Abbatem et conventum Leicestrie ad ecclesiam de Sarnebroc, facta prius inquisitione super eadem per quam, etc., ad eandem admissus, etc., salvis dictis Abbati et conventui viij marcis annuis per manum ipsius Ricardi, quamdiu ecclesiam ipsam rexerit, annuatim ad festum Omnium Sanctorum et ad Pascha nomine beneficii percipiendis. Et injunctum est Archidiacono Bedefordie, presenti, ut, etc.

[*Dionysius de Ravenestone, chaplain, presented by the Prior and Convent of Dunstable, is instituted vicar of Segenhoe (now a part of Ridgemont).*]

SEGENHO VICARIA.—Dionisius de Ravenestone, cappellanus, presentatus per Priorem et conventum de Dunestaplia ad perpetuam vicariam ecclesie de Segenho, auctoritate Concilii ordinatam, ut in rotulo cartarum Archidiaconatus ejusdem anni xij<sup>mi</sup>, facta prius inquisitione per J., Archidiaconum Bedefordie, per quam, etc., ad eandem admissus est, cum onere et pena vicariorum, etc., et indultum est ei quod possit studere in scolis usque ad festum sancti Michaelis. Et mandatum est dicto Archidiacono ut, etc. Et valet v marcas et eo amplius.

[*Stephen de Herdewicke, chaplain, presented by the Abbot and Convent of St. Albans, is instituted vicar of Houghton Regis.*]

HOCTONE VICARIA.—Stephanus de Herdewicke, cappellanus, presentatus per Abbatem et conventum sancti Albani ad perpetuam vicariam ecclesie de Hoctone, ordinatam ab antiquo, facta prius inquisitione per J., Archidiaconum Bedefordie, per quam, etc., ad eandem admissus est cum onere et pena vicariorum, etc. Et mandatum est dicto Archidiacono ut, etc. Et valet dicta vicaria C solidos et amplius, sed in quibus consistat non habemus.

———

[*Peter de Clara, sub-deacon, presented by the Earl of Gloucester and Hertford, as guardian of the heir of Walter de Trailly, is instituted to the church of Yelden.*]

GYVELDENE.—Petrus de Clara, subdiaconus, presentatus per nobilem virum Gilbertum de Clara, Comitem Gloucestrie et Hertfordie, ratione custodie terre et heredis Walteri de Trailly in manu ejus existentis, ad ecclesiam de Giveldene, facta prius inquisitione per J., Archidiaconum Bedefordie, per quam, etc., ad eandem admissus est. Et mandatum est dicto Archidiacono, etc.

———

[*Andrew de Cromdene, sub-deacon, presented by the Prior and Convent of St. Neots, is instituted to the church of Turvey. A portion is reserved to the Convent.*]

TURVEYA.—Andreas de Cromdene, subdiaconus, presentatus per Priorem et conventum Sancti Neoti ad ecclesiam de Torveia, facta prius inquisitione per J., Archidiaconum Bedefordie, per quam, etc., admissus est et institutus. Et mandatum est dicto Archidiacono ut, etc., salva dictis Priori et conventui portione sua quam de concessione domini Episcopi et capituli Lincolniensium habent ibidem.

———

[*Adam de Belescote, chaplain, presented by the Abbot and Convent of St. Albans, is instituted vicar of Luton in succession to John de Sancto Albano.*]

LUYTONE VICARIA.—Adam de Belescote, capellanus, presentatus per Abbatem et conventum de Sancto Albano ad vicariam de Luytone, quam Magister Johannes de Sancto Albano ultimo tenuit, facta prius inquisitione per J., Archidiaconum Bedefordie, per quam, etc., ad eandem admissus est, cum onere et pena vicariorum, etc. Et injunctum est dicto Archidiacono, presenti, ut, etc.

[*Nicholas de Pickeford, chaplain, presented by the Prioress and Convent of Harrold, is instituted vicar of Stevington. The vicarage is described.*]

STIVENTONE VICARIA.—Nicholaus de Pickeford, capellanus, presentatus per Priorissam et conventum de Harewold ad vicariam ecclesie de Stivingtone, per J., Archidiaconum Bedefordie, auctoritate domini Episcopi ordinatam, facta prius inquisitione per eundem, ad eandem admissus est, etc., cum onere et pena vicariorum. Habebit autem nomine vicarie sue totum altaragium cum omnibus obventionibus et decimis minutis et molendinorum, et manso proximiori ecclesie, et alio manso ex altera parte vie juxta novum mansum qui cedet in partem monialium ; item unam acram prati juxta fontem in uno loco, et alibi dimidiam que dicitur le holm. Item habebit unam acram terre que vocatur acra Sancti Nicholai, et tres rodas in campis juxta eandem acram. Habebit etiam omnes decimas garbarum de villa de Pabeham que spectant ad ecclesiam de Stivingtone. Dicte autem moniales habebunt terram ecclesie residuam cum novo manso et omnes alias decimas garbarum et feni, et procurabunt hospitium Archidiaconi. Dictus autem vicarius solvet sinodalia. Et injunctum est dicto Archidiacono, presenti, ut, etc.

———

[*J., Archdeacon of Bedford, presented by the Prior and Convent of Ashby, after a dispute about the patronage, is instituted to the church of Thurleigh.*]

LA LEYA.—J., Archidiaconus Bedefordie, presentatus per Priorem et conventum de Esseby ad ecclesiam de la Lega, facta prius inquisitione per eundem, et receptis litteris domini Regis continentibus quod G., Prior de Esseby, coram Justiciariis apud Westmonasterium per judicium curie recuperavit saisinam suam versus Nich[olaam] filiam [? filium] Bartholomei de la Lega de advocatione ecclesie de la Lega cum pertinentiis, per que, etc., ad eandem admissus est, et in eadem sub pena Concilii persona institutus. Et injunctum est eidem ut per Magistrum S., Officialem suum, faciat se in corporalem ipsius possessionem induci, salvo G. de [*blank*] jure suo, si quod habet, in ipsius ecclesie vicaria.

———

[*Gerald, chaplain, presented by the Abbot and Convent of Woburn, is instituted to the chapel of Birchmore.*]

BIRCHEMORE.—Geroldus, cappellanus, presentatus per Abbatem et conventum de Wuburne ad cappellam de Birchemor, facta prius inquisitione per Magistrum S., Officialem Archidiaconi

Bedefordie, per quam, etc., cum onere et pena vicariorum ad eandem admissus est et persona institutus. Et mandatum est dicto Archidiacono ut, etc.

[*Eudo, chaplain, presented by the Prioress and Convent of Harrold, is instituted vicar of Harrold.*]

HAREWOLD VICARIA.—Eudo, cappellanus, presentatus per Priorissam et conventum de Harewold ad ipsius ecclesie vicariam, auctoritate Concilii per dominum Episcopum ordinatam, cum plene constaret de contingentibus ad eandem admissus est cum onere et pena vicariorum, etc. Et injunctum est J., Archidiacono Bedefordie ut, etc.

[*Geoffrey de Bedeforde, sub-deacon, presented by the Prior and Convent of Dunstable, is instituted to the church of St. Peter de Dunstable, Bedford, in succession to R. de Gnouweshale.*]

SANCTI PETRI BEDEFORD.—Galfridus de Bedeforde, subdiaconus, presentatus per Priorem et conventum de Dunestaplia ad ecclesiam beati Petri Bedefordie, vacantem eo quod R. de Gnouweshale, qui eam prius tenuerat, aliud recepit beneficium cui cura, etc., facta prius inquisitione per J., Archidiaconum Bedefordie, per quam, etc., ad eandem admissus, etc.; ita quod si R. de Aldebiri, cappellanus, iij marcas quas de ipsius ecclesie vicaria sibi deberi asserit annuatim evicerit, idem Galfridus in officio sacerdotali personaliter in eadem ministrabit. Et mandatum est dicto Archidiacono ut, etc.

[*Roger, Archdeacon of Colchester, presented by the Dean and Chapter of St. Paul's, London, is instituted to a mediety of the church of Caddington, in succession to Richard de Greneford.*]

MEDIETAS DE CADENDONE.—Rogerus, Archidiaconus Colecestrie, presentatus per Decanum et capitulum Sancti Pauli Londoniarum ad illam medietatem ecclesia de Cadendone quam Ricardus de Greneford ultimo tenuit, facta prius inquisitione per J., Archidiaconum Bedefordie, per quam, etc., ad eandem admissus est sub pena Concilii, etc. Et injunctum est dicto Archidiacono presenti ut, etc.

[*Phillip de Sidehame, chaplain, presented by the Prior and Convent of Newenham, is instituted to the church of Hatley Cockayne.*]

HATTELEYA.—Philippus de Sidehame, capellanus, presentatus per Priorem et conventum de Newenham ad ecclesiam de Hattelaya, facta prius inquisitione per J., Archidiaconum Bedefordie, per quam, etc., ad eandem admissus est, etc. Et injunctum est dicto Archidiacono, presenti, ut, etc. _____

## ANNUS XIX^us.

[*Robert de Cirencestria, sub-deacon, presented by the Prior of the Hospitallers, is instituted to the church of Eversholt.*]

HEUERSHOLTE. — Robertus de Cirencestria, subdiaconus, presentatus per Fratrem R. de Diva, Priorem Hospitalis Jherosolimitani in Anglia, ad ecclesiam de Eversholte, facta prius inquisitione per Johannem, Archidiaconum Bedefordie, et Radulfo Pirrot, ultimo rectore ejusdem, omni juri quod in ea habuit per litteras suas patentes expresse renuntiante, per que negotium fuit in expedito, ad eandem admissus est, et in ea canonice persona institutus. Et mandatum est dicto Archidiacono ut ipsum in corporalem dicte ecclesie possessionem inducat.

_____

[*Robert de Sancto Edmundo, chaplain, presented by the Dean and Chapter of Lincoln, is instituted to the church of St. Mary, Bedford. A pension of 20s. is reserved to the Convent of Dunstable.*]

ECCLESIA BEATE MARIE BEDEFORDIE.—Robertus de Sancto Edmundo, cappellanus, presentatus per Decanum et capitulum Lincolnienses ad ecclesiam beate Marie Bedefordie, facta prius inquisitione per J., Archidiaconum Bedefordie, per quam, etc., ad eandem admissus est cum onere et pena vicariorum, etc., salvis Priori et conventui de Dunestaplia xx^ti solidis de eadem ecclesia per manum rectoris ejusdem annuatim in duabus synodis Bedefordie nomine beneficii percipiendis. Et mandatum est dicto Archidiacono. _____

[*Nicholas de Kingesbiri, deacon, presented by Henry de Braibroc, is instituted to the church of Sutton. The vicarage is reserved to Robert, the chaplain.*]

SUTTONE.—Nicholaus de Kingesbiri, diaconus, presentatus per Henricum de Braibroc ad ecclesiam de Suttone, facta prius inquisitione per J., Archidiaconum Bedefordie, per quam, etc., ad eandem admissus est ; salva Roberto, cappellano, vicaria sua quam habet in eadem. Vacavit autem ista ecclesia eo quod Magister A., qui eam ultimo tenuit, aliud recepit beneficium. Et mandatum est dicto Archidiacono ut, etc. _____

[*Thomas de Dunestaplia, chaplain, presented by the Warden of the Hospital of Hockliffe, is instituted to the church of Hockliffe.*]

HOCKLIVE.—Thomas de Dunestaplia, capellanus, presentatus

per Fratrem Thoraldum, custodem Hospitalis de Hocklive, et fratres ejusdem loci ad ecclesiam de Hocklive, facta prius inquisitione per J., Archidiaconum Bedefordie, per quam, etc., ad eandem admissus est, etc. Et mandatum est dicto Archidiacono ut, etc.

## ANNUS XX<sup>US</sup>.

[Mem. 4.]

*[Henry de Bidehame, chaplain, presented by the Convent of Chicksand, is instituted vicar of Keysoe. The vicarage is described. A pension of 40 shillings is reserved to the Convent.]*

KAYSHOU VICARIA.—Henricus de Bidehame, capellanus, presentatus per conventum utriusque sexus domus de Chickesand ad vicariam ecclesie de Kayshou, facta prius inquisitione per Johannem, Archidiaconum Bedefordie, per quam negotium fuit in expedito, ad eandem admissus est et in ea canonice vicarius perpetuus institutus, cum onere ministrandi personaliter in eadem. Consistit autem dicta vicaria in toto altaragio preter linum, cum manso competente, salvis tantum predicto conventui xl solidis annuis, per manum vicarii percipiendis, qui quidem conventus omnia alia onera sustinebit. Et mandatum est dicto Archidiacono ut ipsum Henricum inducat in corporalem dicte vicarie possessionem.

*[Hugh de Northgivelle, sub-deacon, presented by the Prior and Convent of Newenham, is instituted vicar of Great Barford. The vicarage is described. A pension of two marks is reserved to the Convent.]*

BEREFORDE VICARIA.—Hugo de Northgivelle, subdiaconus, presentatus per Priorem et conventum de Newehame ad vicariam ecclesie de Bereforde, auctoritate Concilii per nos ordinatam, facta prius inquisitione et taxatione per J., Archidiaconum Bedefordie, per quam, etc., ad eandem admissus est cum onere et pena vicariorum. Consistit autem ipsa vicaria in toto altaragio et in decimis molendinorum et in omnibus minutis decimis preter lanam et agnos, cum manso competente ei assignato, salvis predictis Priori et conventui duabus marcis annuis de eadem vicaria percipiendis, qui quidem omnimoda illius ecclesie onera sustinebit. Et valet vicaria octo marcas, totalis autem ecclesia xx<sup>ti</sup> marcas. Et injunctum est Magistro S., Officiali, presenti, ut, etc.

*[Reginald de Westlingworthe, chaplain, presented by the same, is instituted vicar of Cardington. The vicarage is described. A pension of 40 shillings is reserved to the Convent.]*

KERDINTONE VICARIA.—Reginaldus de Westlingworthe,

capellanus, presentatus per eosdem ad ecclesiam de Kerdingtone, facta prius, etc., ut supra, ad eandem admissus est, etc., ut supra. Consistit autem ipsa vicaria in toto altaragio et decimis molendinorum et in omnibus decimis minutis preter lanam et agnos, salvis predictis Priori et conventui xl solidis de eadem, qui quidem omnia onera, etc., ut supra. Et habet vicarius mansum competentem vicarie assignatum, et valet vicaria octo marcas, totalis ecclesia xxiiij^{or}. Non est ibi terra libera. Et injunctum est ut supra.

————

[*Nicholas de Wiletone, chaplain, presented by the same, is instituted vicar of Willington. The vicarage is described.*]

WILETONE VICARIA.—Nicholaus de Wiletone, capellanus, presentatus per eosdem ad vicariam de Wiletone, facta prius, etc., ut supra, admissus est, etc., ut supra. Consistit autem ipsa vicaria in toto altaragio et omnibus minutis decimis, et in decimis molendinorum et manso competente illi assignato cum crofta. Dicti vero Prior et conventus omnia onera, etc., ut supra. Et valet vicaria v marcas, totalis etiam ecclesia x marcas. Et injunctum est ut supra.

————

[*Geoffrey de Ranhale, chaplain, presented by the same, is instituted vicar of Renhold. The vicarage is described.*]

RANHALE VICARIA.—Galfridus de Ranhale, capellanus, presentatus per eosdem ad vicariam de Ranhale, facta prius, etc., ut supra, ad eandem admissus est, etc., ut supra. Consistit autem ipsa vicaria in toto altaragio et in omnibus minutis decimis preter agnos, cum manso competente. Dicti vero Prior et conventus omnia onera, etc., ut supra. Et valet vicaria v marcas, totalis ecclesia x. Et injunctum est, etc., ut supra.

————

[*Walter de Saleforde, chaplain, presented by the same, is instituted vicar of Salford. The vicarage is described.*]

SALFORDE VICARIA.—Walterus de Salforde, capellanus, presentatus per eosdem ad vicariam de Saleforde, facta prius, etc., ut supra, admissus est, ut supra. Consistit autem ipsa vicaria in toto altaragio et in una virgata terre libere et in omnibus decimis feni et aliis dictam ecclesiam contingentibus preter garbas, et manso competente pro quo vicarius reddet v solidos canonicis, quia non est de ecclesia, qui quidem canonici omnia onera, etc., ut supra. Et valet vicaria *(blank)* marcas, totalis ecclesia x marcas. Et injunctum est, etc., ut supra.

[*William de Kerdingtone, chaplain, presented by the same, is instituted vicar of Goldington. The vicarage is described.*]

GOLDINTONE VICARIA.—Willelmus de Kerdingtone, capellanus, presentatus per eosdem ad vicariam de Goldingtone, facta prius inquisitione, etc., ut supra, admissus est ut supra. Consistit autem ipsa vicaria in toto altaragio et in omnibus minutis decimis et duabus acris terre in campis cum manso competente. Dicti vero Prior et conventus omnia onera, etc., ut supra. Et valet vicaria v marcas, totalis ecclesia x marcas. Et injunctum est, etc., ut supra.

————

[*Reginald de Stachedene, chaplain, presented by the same, is instituted vicar of Stagsden. The vicarage is described. A pension of two marks is reserved to the Convent.*]

STACKEDENE VICARIA.—Reginaldus de Stachedene, capellanus, presentatus per eosdem ad vicariam de Stachedene, facta prius, etc., ut supra, ad eandem admissus, etc., ut supra. Consistit autem ipsa vicaria in toto altaragio et in omnibus minutis decimis preter lanam et agnos cum manso competente, salvis predictis Priori et conventui duabus marcis annuis, qui quidem omnia onera, etc., ut supra. Et valet vicaria vij marcas, totalis ecclesia xx. Et injunctum est, etc., ut supra.

————

[*Walter, chaplain, presented by the Prior and Convent of Newenham, is instituted vicar of Great Barford, in succession to Hugh de Northgivell, now a monk.*]

BEREFORDE VICARIA.—Walterus de *(blank)*, capellanus, presentatus per Priorem et conventum de Newehame ad vicariam ecclesie de Bereforde, auctoritate Concilii per nos ordinatam, vacantem eo quod Hugo de Northgivell qui eam ultimo tenuit habitum suscepit monachalem, facta prius inquisitione per Magistrum S., Officialem Archidiaconi Bedefordie, per quam, etc., ad eandem admissus est, sub onere et pena vicariorum, etc. Et mandatum est dicto Officiali ut, etc. Consistit autem ipsa vicaria ut supra, anno eodem, in institutione septima.

————

[*William de Arkedene, sub-deacon, presented by William de Hobrigge, guardian of the heir of Walter de Treilly, is instituted to a third portion of the church of Southill, in succession to Peter de Topefelde.*]

SUGIVEL TERTIA PARS.—Willelmus de Arkedene, subdiaconus, presentatus per Willelmum de Hobrigge, ratione custodie terre et heredis Walteri de Treilly, ad tertiam partem ecclesie de Sugivel', vacantem eo quod Petrus de Topefelde aliud recepit beneficium, etc., prout per mandatum domini Norwicensis innotuit, facta prius inquisitione per Magistrum S., Officialem Archidiaconi Bedefordie, per quam, etc., ad eandem admissus est, etc. Et mandatum est dicto Officiali ut, etc.

[*John Balesmains, sub-deacon, presented by the Dean and Chapter of St. Paul's, is instituted to a mediety of the church of Caddington, in succession to R*[*oger le Noir bishop*] *elect of London.*]

MEDIETAS DE CADINDONE.—Johannes Belesmains, subdiaconus, presentatus per Decanum et capitulum Sancti Pauli Londoniarum ad illam medietatem ecclesie de Cadindone quam R., Electus Londoniensis, ultimo tenuit, facta prius inquisitione per Magistrum S., Officialem Archidiaconi Bedefordie, per quam, etc., ad eandem admissus est, etc. Et injunctum est Archidiacono, presenti, ut, etc.

[*Henry de Akeholt, presented by the Abbot and Convent of Ramsey, is instituted to the church of Shillington, in succession to Andrew, papal chaplain.*]

SCHETLINDONE.—Magister Henricus de Akeholt, presentatus per Abbatem et conventum de Ramseia ad ecclesiam de Schetlingdone, vacantem per resignationem Magistri Andree, domini Pape capellani, domino S., capellano et nuntio domini Pape, J. de Ferentin', Archidiacono Norwicensi, et J. Romano, subdiacono Eboracensi, J. etiam Sprat', dicti A. concapellano, id per litteras suas testificantibus, facta prius inquisitione per J., Archidiaconum Bedefordie, per que, etc., ad eandem admissus est, etc., salvo nichilominus jure dicti Andree, si quod habet, in eadem. Et mandatum est dicto Archidiacono ut sub forma predicta, etc.

[*Nicholas de Estone, chaplain, presented by Walter de Patteshille and Margaret his wife, is instituted to the church of Bletsoe.*]

BLECCHESHO.—Nicholaus de Estone, capellanus, presentatus per Walterum de Patteshille et Margaretam, uxorem suam, ad ecclesiam de Blecchesho, facta prius inquisitione per J., Archidiaconum Bedefordie, per quam, etc., ad eandem admissus est, etc. Et mandatum est dicto Archidiacono ut, etc.

[*Richard Devon', presented by the Abbot and Convent of Ramsey, is instituted to the church of Cranfield.*]

CRAUMFELDE.—Magister Ricardus Devoñ *(blank)*, presentatus per Abbatem et conventum Ramesie ad ecclesiam de Craumfeilde, que fuit Magistri Henrici de Ackolte, facta prius inquisitione per J., Archidiaconum Bedefordie, per quam, etc., per Magistrum R. de Wendour, procuratorem suum, sub pena Concilii admissus est ad eandem, et per Willelmum de Kava, procuratorem suum ad id constitutum, in possessionem ipsius missus corporalem, sicut mandatum fuit Magistro S., tunc Officiali Archidiaconi Bedefordie.

----

[*On the dorse :*—]

[*William, sub-prior of Caldwell, is instituted prior, having been elected by the Convent. The form of presentation is given.*]

Frater Willelmus, quondam Supprior de Kaldewelle, per conventum ejusdem loci unanimiter in Priorem electus et domino Episcopo presentatus, examinata prius electione per eundem et inventa concordi et canonica, per quam negotium fuit in expedito, ad eundem prioratum admissus est, et in eo canonice institutus Prior, etc. Et mandatum est Officiali Archidiaconi Bedefordie ut, vice Archidiaconi, circa installationem ipsius Prioris quod suum est exequatur. Forma presentationis: Reverendissimo patri et domino H., Dei gratia Lincolniensi episcopo, devoti [in] fide et veritate filii humiles, canonici de Caudewelle, eternam in domino salutem et devotam omnimode subjectionis reverentiam. Quia nobis pro communi carnis conditione subtractam Prioris nostri presentiam sanctitati vestre nuper nuntiavimus, invocata diligenter Spiritus Sancti gratia eam personam ad regimen nostrum concorditer elegimus quam disciplinis spiritualibus et ordinis observantia prestantiorem efficaciter probavimus et in gerendis ecclesie negotiis temporalibus prudentiorem utiliter sensimus, et coram hominibus gratiorem. Quocirca dilecte nobis in domino paternitati vestre supplicamus humiliter et devote quatinus Fratrem W., Suppriorem nostrum, a nobis canonice et unanimiter electum, benigne recipiatis per fratres nostros vice nostra vobis presentandum, et eidem, si placet, prioratus administrationem in domo nostra auctoritate vestra committatis. Memores caritatis et misericordie vestre in nos oramus devote ut vobis vitam et gratiam vestram per tempora longa Deus conservet.

----

### ANNUS XXI[us].

[*Nicholas, chaplain, presented by the Prior and Convent of Newenham, is instituted vicar of Goldington.*]

GOLDINTONE VICARIA.—Nicholaus, capellanus, presentatus per Priorem et conventum de Neweham ad vicariam ecclesie de Goldintone, auctoritate Concilii per nos ordinatam, facta prius inquisitione per J., Archidiaconum Bedefordie, per quam, etc., ad eandem admissus est sub onere et pena vicariorum, etc. Et mandatum est dicto Archidiacono, etc. Consistit autem ipsa vicaria ut supra anno proximo.

———

[*Stephen de Castell,' sub-deacon, presented by the Prior and Convent of Caldwell, after a dispute about the patronage, is instituted to the church of Oakley.*]

ACLEYA.—Stephanus de Castell', subdiaconus, presentatus per Priorem et conventum de Caudewelle ad ecclesiam de Akleye cum capella de Cloptone, facta prius inquisitione per J., Archidiaconum Bedefordie, et receptis litteris domini Regis continentibus quod Prior de Caldewelle in curia sua coram Justiciariis suis apud Westmonasterium per considerationem ejusdem curie recuperavit saisinam suam de advocatione ecclesie de Acle versus Willelmum Mauduit et Robertum de Burneby, Johannam, uxorem ejus, Johannem le Brun, Aliciam, uxorem ejus, Ricardum Burdum, Eggelinam, uxorem ejus, Berth[olomeu]m de Bakingtone et Matildam, uxorem ejus, Radulphum de Wedone et Laurentiam, uxorem ejus, per que, etc., ad eandem ecclesiam cum capella de Cloptone est admissus et canonice persona institutus in eisdem, salva gratia quam dominus Episcopus de consensu capituli sui predictis Priori et conventui de eisdem ecclesia et capella duxerit faciendam. Et mandatum est dicto Archidiacono ut, etc.

———

[*Richard de Liveto, sub-deacon, presented by the Prior and Convent of St. Neots, is instituted to the church of Knotting, in succession to Walter de Werministre.*]

KNOTTINGE.—Ricardus de Liveto, subdiaconus, presentatus per Priorem et conventum Sancti Neoti ad ecclesiam de Cnottinge, vacantem eo quod Magister Walterus de Werministre qui eam ultimo tenuit, aliud a nobis accepit beneficium curam animarum habens annexam, facta prius inquisitione per J., Archidiaconum Bedefordie, per quam, etc., ad eandem admissus est, etc. Et mandatum est dicto Archidiacono ut, etc.

———

[*Thomas de Pertenhale, sub-deacon, presented by Richard de Pertenhale, after a dispute about the patronage, is instituted to the church of Clifton.*]

CLIFTONE.—Thomas de Pertenhale, subdiaconus, presentatus per Ricardum de Pertenhale ad ecclesiam de Cliftone, facta prius inquisitione per J., Archidiaconum Bedefordie, et receptis litteris domini Regis continentibus quod convenit in curia sua coram Justiciariis suis apud Westmonasterium inter Ricardum de Pertenhale, querentem, [et] Henricum filium Roberti, deforciantem, de advocatione ecclesie de Cliftone, unde placitum fuit inter eos in eadem curia, scilicet, quod predictus Henricus recognovit totam advocationem predicte ecclesie esse jus ipsius Ricardi, et eam ei remisit et quietamclamavit de se et de heredibus suis predicto Ricardo et heredibus suis imperpetuum, per que, etc., ad eandem admissus est, et in ea canonice persona institutus. Et injunctum est predicto Archidiacono, presenti, ut, etc.

---

[*Henry de Cornhulle, Chancellor of St. Paul's, London, presented by the Dean and Chapter, is instituted to the mediety of Caddington last held by Theobald Mediolanensis.*]

MEDIETAS DE KADINDONE.—Henricus de Cornhulle, Cancellarius Sancti Pauli Londoniarum, presentatus per Decanum et capitulum Londonienses ad illam medietatem ecclesie de Kadingtone quam Theodbaldus Mediolanensis ultimo tenuit, facta prius inquisitione per J., Archidiaconum Bedefordie, per quam, etc., ad eandem medietatem admissus est. Et mandatum est dicto Archidiacono ut, etc.

---

[*Robert de Wanetinge, sub-deacon, presented by the Prior and Convent of St. Neots, is instituted to the church of Knotting.*]

CNOTTINGE.—Robertus de Wanetinge, subdiaconus, presentatus per Priorem et conventum Sancti Neoti ad ecclesiam de Cnottinge, facta prius inquisitione per J., Archidiaconum Bedefordie, per quam, etc., ad eandem admissus est, etc. Et injunctum est dicto Archidiacono, presenti, ut, etc.

---

[*Walter de Swaneburne, chaplain, presented by the Prior and Convent of Newenham, is instituted vicar of Cardington.*]

KERDINGTON.—Magister Walterus de Swaneburne, capellanus, presentatus per Priorem et conventum de Niwenham ad vicariam ecclesie de Kerdingtone, facta prius inquisitione per J., Archidiaconum Bedefordie, per quam, etc., ad eandem admissus est, cum onere et pena vicariorum, etc. Et injunctum est dicto Archidiacono, presenti, ut, etc.

---

[*William de Bedeforde, chaplain, presented by the same, is instituted vicar of Stagsden.*]

STACHEDENE.—Willelmus de Bedeforde, capellanus, presentatus per eosdem ad vicarium ecclesie de Stachedene, facta prius inquisitione per J., Archidiaconum Bedefordie, per quam, etc., ad eandem admissus est, cum onere et pena vicariorum, etc. Et injunctum est dicto Archidiacono, presenti, ut, etc.

---

[*Reginald de Wrastlingeworthe, chaplain, presented by the same, is instituted to the church of Aspley Guise.*]

ASPELE.—Reginaldus de Wrastlingeworthe, capellanus, presentatus per eosdem ad ecclesiam de Aspele, facta prius inquisitione per J., Archidiaconum Bedefordie, per quam, etc., ad eandem admissus est, etc., cum onere residendi personaliter in eadem, et habendi secum ministrantem continue socium honestum capellanum. Et mandatum est Archidiacono predicto ut sub forma premissa dictum Reginaldum in corporalem, etc.

---

## ANNUS XXII[us].

[*William de Northampton, chaplain, presented by the Prior and Convent of Ashby, is instituted vicar of Podington. The vicarage is described.*]

PUDDINGTON.—Willelmus de Norhampton, capellanus, presentatus per Priorem et conventum de Esseby ad vicariam ecclesie de Puddintone, facta prius inquisitione per J., Archidiaconum Bedefordie, per quam, etc., ad eandem admissus est cum onere et pena vicariorum, etc. Et injunctum est dicto Archidiacono, presenti, ut, etc. Consistit autem ipsa vicaria in toto altaragio et duabus acris terre et quodam manso, et valet v marcas per annum.

---

[*William de Bukinghame, chaplain, presented by the Prioress and Convent of Harrold, is instituted vicar of Harrold. The vicarage is described.*]

HAREWOLDE.—Willelmus de Bukinghame, capellanus, presentatus per Priorissam et conventum de Harewolde ad perpetuam vicariam ecclesie de Harewolde, facta prius inquisitione per J., Archidiaconum Bedefordie, per quam, etc., ad eandem admissus est cum onere et pena vicariorum, etc. Ita tamen quod nichil juris accrescat dictis monialibus in ipsa ecclesia vel decrescat, quoad habendum eam in propriis usibus, per hanc vicarii admissionem. Et mandatum est dicto Archidiacono ut, etc. Vicarius habebit nomine vicarie sue victum suum honorifice ad mensam Priorisse, et duas marcas annuas ad vestitum, et oblationes suas in majoribus solempnitatibus, sicut continetur in consimilibus vicariis. Habebit etiam fenum ad palefridum suum, et, cum ierit in utilitates domus et ad sinodum et capitula, prebendam. Item habebit mansum competentem in prioratu vel extra, prout Episcopo visum fuerit; ubi, cum necesse fuerit, parrochiani sui ad ipsum libere possint accedere. Item habebit diaconum et garcionem, quibus Priorissa ejusdem loci tam in necessariis victus quam in stipendiis providebit.

---

[*Roger de Bedeford, chaplain, presented by the Prior and Convent of Chicksand, is instituted vicar of Stotfold.*]

STODFOLDE.—Rogerus de Bedeforde, capellanus, presentatus per Priorem et conventum de Chikesande ad perpetuam vicariam de Stodfolde, facta prius inquisitione per J., Archidiaconum Bedefordie, per quam, etc., ad eandem admissus est cum onere et pena vicariorum, etc.; ita tamen quod nichil juris accrescat dictis Priori et conventui in ipsa ecclesia, vel decrescat, per hanc vicarii admissionem. Et mandatum est dicto Archidiacono ut, etc.

---

[*Richard de Sancta Cruce, sub-deacon, presented by Gilbert Passelewe, is instituted to the church of Biddenham, in succession to the said Gilbert.*]

BIDEHAM.—Magister Ricardus de Sancta Cruce, subdiaconus, presentatus per Gilbertum Passelewe ad ecclesiam de Bideham, vacantem per resignationem ejusdem Gilberti, facta prius inquisitione per J., Archidiaconum Bedefordie, per quam, etc., ad eandem admissus est, etc. Et injunctum est dicto Archidiacono, presenti, ut, etc.

---

[*Simon de Wengrave, chaplain, presented by the Prior and Convent of Dunstable, is instituted vicar of Husborne Crawley.*]

HUSSEBURNE.—Simon de Wengrave, capellanus, presentatus per Priorem et conventum de Dunstapelia ad perpetuam vicariam ecclesie de Husseburne. facta prius inquisitione per J., Archidiaconum Bedefordie, per quam, etc., ad eandem admissus est cum onere et pena vicariorum, etc. Et mandatum est dicto Archidiacono ut, etc. Est autem dicta vicaria auctoritate Concilii ordinata, ut supra anno undecimo.

---

[*Richard, chaplain, presented by the Prior and Convent of Dunstable, is instituted to the church of Steppingley.*]

STEPINGLE.—Ricardus [*blank*], capellanus, presentatus per Priorem et conventum de Dunstapelia ad ecclesiam de Stepingele, facta prius inquisitione per J., Archidiaconum Bedefordie, per quam, etc., ad eandem admissus est, cum onere ministrandi personaliter in eadem. Habebit autem inducias usque ad instans festum Sancti Michaelis. Et mandatum est Archidiacono Bedefordie ut, etc.

[*On the dorse :—*]

[*Amauricus de Buggedene is instituted archdeacon of Bedford.*]

Magister Ammaur' de Buggedene, cui dominus Episcopus archidiaconatum Bedefordie contulit, salvis sibi duabus portionibus sequestrorum in eodem, est Archidiaconus per librum, ut fieri consuevit, institutus. Et mandatum est Decano Lincolniensi quod stallum illi in choro et locum in capitulo, secundum ecclesie Lincolniensis consuetudinem, faciat assignari. Mandatum est etiam abbatibus, prioribus, decanis, personis, vicariis, capellanis et aliis tam clericis quam laicis universis per Archidiaconatum Bedefordie constitutis, quod eidem decetero sint intendentes et tanquam Archidiacono suo obedientes.

## Annus XXIII<sup>us</sup>.

[*Geoffrey de la Mare, presented by the Abbot and Convent of Ramsey, is instituted to the church of Barton-le-Cley. A pension of 20s. is reserved to the Convent.*]

BARTONE.—Galfridus de la Mare [*blank*], presentatus per Abbatem et conventum Ramesiensem ad ecclesiam de Bartone, facta prius inquisitione per Amauricum, Archidiaconum Bedefordie, per quam negotium fuit in expedito, ad eandem admissus est, et in ea canonice persona institutus. Et mandatum est eidem Archidiacono ut ipsum Galfridum in corporalem ecclesie predicte possessionem per procuratorem suum inducat, salvis dictis Abbati et conventui xx<sup>ti</sup> solidis annuis quos ab antiquo percipere consueverunt de eadem. Et notandum quod littere presentationis sunt in scrinio domini Episcopi.

[*Reginald de Halstede, sub-deacon, presented by the Prior and Convent of Lenton, is instituted to the church of Meppershall. Laurence de Elington, who claimed the rectory, is to have a pension of five marks.*]

MEPERTESHALE.—Reginaldus de Halstede, subdiaconus, presentatus per Priorem et conventum de Lentone ad ecclesiam de Meperteshale, facta prius inquisitione per J., tunc Archidiaconum Bedefordie, et ordinato super eadem ecclesia per ipsum J., tunc Archidiaconum Norhamptonie, et R., Priorem de Dunstaplia, inter dictum Reginaldum et Laurentium de Elington, qui se rectorem ipsius ecclesie rectorem [*sic*] esse asseruit, per que, etc., ad eandem admissus est, etc., salvis dicto Laurentio, quamdiu vixerit in habitu seculari, quinque marcis annuis de camera dicti Reginaldi per ordinationem predictam percipiendis. Et injunctum est A., Archidiacono Bedefordie, tunc presenti, ut, etc.

*[Gervase de Newentone, sub-deacon, presented by Richard de Bello Campo, after a dispute about the patronage, is instituted to the church of Shelton.]*

SELTONE.—Gervasius de Newentone, subdiaconus, presentatus per Ricardum de Bello Campo ad ecclesiam de Seltone, facta prius inquisitione per Johannem, Archidiaconum Bedeford, et receptis litteris domini Regis continentibus quod cum Ricardus de Bello Campo coram Justiciariis suis apud Westmonasterium summonitus esset ad respondendum Abbati de Lavendone quare impedit eum presentare idoneam personam ad ecclesiam de Scheltone, idem Abbas venit in eadem curia coram eisdem Justiciariis suis et recognovit et concessit eidem Ricardo advocationem ejusdem ecclesie esse jus ipsius Ricardi ; et preterea Robertus filius Galfridi, particeps ipsius Ricardi, presens fuit in eadem curia coram eisdem Justiciariis, et remisit eidem Ricardo et heredibus suis de se et heredibus suis totum jus et clamium quod habuit in predicta advocatione, per que, etc., ad eandem ecclesiam cum pertinentiis admissus est, etc. Et mandatum est Almarico, Archidiacono Bedefordie, ut, etc.

*[Simon de Hornecastre, chaplain, presented by the Prior and Convent of Dunstable, is instituted vicar of Pulloxhill. The vicarage is described.]*

PULLOKESHULLE.—Magister Simon de Hornecastre, capellanus, presentatus per Priorem et conventum Dunstaplie ad vicariam ecclesie de Pullokeshulle, facta prius inquisitione per R., Officialem Bedefordie, per quam, etc., ad eandem admissus est, cum onere et pena vicariorum, etc. Consistit autem dicta vicaria in toto altaragio et in tertia garba decime totius ville, preter quam de feodis Henrici Buinun et Willelmi Wischarde, de quibus nichil percipit nisi minutas decimas, et in decem acris terre arabilis, et habet mansum competentem juxta ecclesiam. Sustinet autem vicarius omnia onera ecclesie debita et consueta preter hospitium Archidiaconi, quod quidem dicti Prior et conventus sustinebunt. Et injunctum est dicto Officiali, presenti, ut, etc.

*[Simon de Bedeford, sub-deacon, presented by the Prior and Convent of Newenham, after a dispute about the patronage, is instituted to the church of Wrestlingworth.]*

WRASTRINGWRTHE.—Simon de Bedeford, subdiaconus, presentatus per Priorem et conventum de Neuham ad ecclesiam de Wrastringworthe, facta prius inquisitione per A., Archidiaconum Bedefordie, et receptis litteris domini Regis continentibus quod cum Imber[tu]s de Hereford et Cecilia, uxor ejus, coram Justiciariis dicti domini Regis apud Westmonasterium arrainiassent assisam ultime presentationis versus Herveum, Priorem de Neuham, de advocatione ecclesie predicte, iidem Imb[ertu]s et Cecilia venerunt in eadem curia et recognoverunt advocationem ejusdem ecclesie esse jus dicti Prioris et ecclesie sue de Neuhame, et remiserunt et quietum clamaverunt de se et heredibus ipsius Cecilie predicto Priori et successoribus suis imperpetuum quicquid juris habuerunt in eadem advocatione ; receptis etiam litteris G. et A., Huntingdonie et Bedefordie Archidiaconorum, continentibus quod Prior Huntingdonie appellationi pro se et conventu suo prius facte, et Ph., rector ecclesie de Hattel', juri suo quod se asseruit habere in eadem, coram ipsis Archidiaconis, vices domini Episcopi gerentibus, ea vice renuntiaverunt, per que, etc., ad eandem admissus est, etc. Et injunctum est R., Officiali predicti Archidiaconi, presenti, ut, etc.

––––––––

[*Robert de Sancto Albano, sub-deacon, presented by William de Hobregge, guardian of the heir of Walter de Treilly, is instituted to the church of Yelden.*]

GIVELDENE.—Magister Robertus de Sancto Albano, subdiaconus, presentatus per Willelmum de Hobregge, ratione custodie terre et heredis Walteri de Treilly, ad ecclesiam de Giveldene, facta prius inquisitione per A., Archidiaconum Bedefordie, per quam, etc., ad eandem ecclesiam admissus est, etc. Et mandatum est eidem Archidiacono ut, etc. [*In the margin :—*] Desunt littere presentationis.

––––––––

## ANNUS XXIIII[us].

[*Gilbert de Wyville* alias *de Millers, sub-deacon, presented by Ralph son of John de Merstone, is instituted to the church of Marston Mortaine.*]

MERSTONE.—Gilbertus de Wyville, sive de Millers, subdiaconus, presentatus per Radulphum filium Johannis de Merstone ad ecclesiam de Merstone, facta prius inquisitione per Amauricum, Archidiaconum Stowe, per quam cum negotium esset in expedito, ad eandem ecclesiam admissus est, et in ea canonice persona institutus. Et mandatum est dicto Archidiacono ut dictum Gilbertum in ecclesie predicte possessionem corporalem inducat.

––––––––

[*Richard de Skerninge, chaplain, presented by the Abbot and Convent of Waltham, is instituted vicar of Arlesey.*]

ALRICHESER.—Ricardus de Skerninge, capellanus, presentatus per Abbatem et conventum Walthamie ad perpetuam vicariam

ecclesie de Ailrichesera, facta prius inquisitione per A., Archidiaconum Bedefordie, per quam, etc., ad eandem vicariam admissus
est, etc., cum onere et pena vicariorum.  Et mandatum est dicto
Archidiacono ut, etc.  [*In the margin :*—] Desunt littere inquisitionis.

[*John de Feltstede, sub-deacon, presented by John de Lincelade, canon of Chicksand,
     proctor for the Master of the Order of Sempringham and for the Prior and
     Convent of Chicksand, is instituted to the Church of Astwick.  One mark is
     reserved to the Convent.*]

ESTWIKES.—Johannes de Feltstede, subdiaconus, presentatus
per Fratrem Johannem de Lincelade, canonicum Chikesandie,
procuratorem Magistri ordinis de Sempingehame et Prioris et
conventus Chikesandie in hoc, ad ecclesiam de Estwic, interveniente
consensu Henrici filii Helye, cum negotium esset in expedito, ad
eandem ecclesiam admissus est, etc., salva inde dictis Priori et
conventui una marca annua nomine beneficii perpetui, sibi per
dominum Episcopum Hugonem secundum et capitulum Lincolnienses concessa.  Et mandatum est A., Archidiacono Bedefordie,
ut, etc.

[*Thomas de Karleolo, sub-deacon, presented by the Dean and Chapter of Lincoln,
     is instituted to the Church of St. Mary, Bedford.  An annual payment of 20s.
     is reserved to the Convent of Dunstable.*]

BEDEFORDE.—Thomas de Karleolo, subdiaconus, presentatus
per Decanum et capitulum Lincolnienses ad ecclesiam Sancte
Marie de Bedforde, facta prius inquisitione per A., Archidiaconum
Bedefordie, per quam, etc., ad eandem ecclesiam, etc., salvis inde
Priori et conventui de Dunstaplia viginti solidis annuis nomine
beneficii perpetui, per manum ipsius Thome et successorum suorum,
ejusdem ecclesie personarum, percipiendis.  Et mandatum est
eidem Archidiacono ut, etc.

[*Peter Peivre, sub-deacon, presented by the Abbot and Convent of La Coulture, Le
     Mans, is instituted to the church of Toddington.  A payment is reserved to
     the Convent.*]

TUDINGDONE.—Magister Petrus Peivre, subdiaconus, presentatus per Abbatem et conventum de Cultura Cenommannorum ad
ecclesiam de Tudingdone, facta prius inquisitione per A., Archidiaconum Bedefordie, per quam, etc., ad eandem admissus est, etc.,
salva portione dictis monachis in eadem parochia per dominum
Episcopum Hugonem secundum et capitulum suum Lincolnienses
concessa.  Et mandatum est eidem Archidiacono ut, etc.

[*Robert de Ely, chaplain, presented by the Prior and Convent of Newenham, is instituted vicar of Renhold.*]

RANHALE.—Robertus de Ely, capellanus, presentatus per Priorem et conventum de Neweham ad vicariam ecclesie de Ranhale, facta prius inquisitione per A., Archidiaconum Bedefordie, per quam, etc., ad eandem admissus est cum onere et pena vicariorum. Et mandatum est eidem Archidiacono ut, etc.

---

[*Walter Muschet, presented by Henry de Hasting, is instituted to the church of Blunham, in succession to Th. de Flanville.*]

BLUNHAME.—Walterus Muschet [*blank*], presentatus per Henricum de Hasting ad ecclesiam de Blunhame, vacantem eo quod Th. de Flanville, prius rector ejusdem, aliud recepit beneficium, cui, etc., facta prius inquisitione per A., Archidiaconum Bedefordie, per quam, etc., ad eandem ecclesiam admissus est, etc. Et mandatum est dicto Archidiacono ut, etc.

---

[*Robert de Cromdene, sub-deacon, presented by the Prior and Convent of St. Neots, is instituted to the church of Turvey, in succession to Andrew de Cromdene. A portion is reserved to the Convent.*]

TURVEY.—Robertus de Cromdene, subdiaconus, presentatus per Priorem et conventum de Sancto Neoto ad ecclesiam de Turveya, vacantem per resignationem Andree de Cromdene, ultimo rectoris ejusdem, facta prius inquisitione per A., Archidiaconum Bedefordie, per quam, etc., ad eandem admissus est, etc., salva dictis Priori et conventui portione sua quam de concessione domini Episcopi et capituli Lincolniensium habent ibidem. Et mandatum est dicto Archidiacono ut, etc.

---

[*On the dorse :—*]

[*Election of John de Wildebof to be prior of Bushmead.*]

Johannes de Wildebof, canonicus de Bisemede, electus per sub-priorem et canonicos ejusdem domus pastore destitutos per mortem Joseph, Prioris sui, in priorem sibi preficiendum, interveniente domini H. de Braybrocke, ejusdem prioratus patroni, consensu, facta prius inquisitione per A., Archidiaconum Bedefordie, et W., Priorem de Caldewelle, per quam, etc., ad eundem prioratum admissus est, etc. Et mandatum est dicto Archidiacono ut circa installationem suam, etc.

[*Institution of Walter de Standone, presented to the priory of Belvoir by the Abbot and Convent of St. Albans.*]

Walterus de Standone, monachus, presentatus per Abbatem et conventum Sancti Albani ad prioratum de Bello Loco in forma debita ut in institutione Johannis, Prioris Hertfordie, anno pontificatus domini Episcopi H. secundi xiiij°, salvo jure conventus predicti sicut ibidem continetur, ad eundem prioratum admissus est cum sollempnitate debita, et, ut moris est, canonice Prior institutus. Et mandatum est A., Archidiacono Bedefordie, quod circa installationem suam quod suum est exequatur. Actum apud Parkum Stowe, in camera domini Episcopi idibus Martii anno gratie m°cc°xxx°iij°, presentibus Waltero, Thesaurario Lincolniensi, Gar' de Kirket' et Roberto de Bolesour, capellanis, Willelmo de Winchecombe et Johanne de Crakeh' canonicis Lincolniensibus, Magistro Ricardo de Windlesore, clerico, et aliis.

## ANNUS XXV^us.

TURVEYA.—(*A duplicate of the last entry under the 24th year.*)

[*Ralph de Tilebroc, chaplain, presented by Ralph de Stafforde, parson of Tilbrook, with the consent of the Countess of Essex, is instituted vicar of the same. The vicarage is described.*]

TILBROKES.—Radulfus de Tilebroc, capellanus, presentatus per Radulfum de Stafforde, personam ecclesie de Tilebroc, ad vicariam ipsius ecclesie, interveniente assensu nobilis mulieris M. de Mandeville, Comitisse Essexie, ecclesie predicte patrone, factaque prius inquisitione per A., Archidiaconum Bedefordie, per quam, etc., ad eandem vicariam admissus est, et in ea canonice vicarius perpetuus institutus, cum onere, etc. Consistit autem ipsa vicaria in toto altaragio et in decimis de dominico ejusdem ecclesie. Mandatum est dicto Archidiacono ut, etc.

[*Robert de Sibretune, presented by the Abbot and Convent of Thorney, is instituted to the church of Bolnhurst.*]

BOLEHIRSTE.—Robertus de Sibretune [*blank*], presentatus per Abbatem et conventum de Thorneia ad ecclesiam de Boleherste, facta prius inquisitione per A., Archidiaconum Bedefordie, per quam, etc., ad eandem admissus est, etc. Injunctumque est ut addiscat et veniat in subdiaconum ordinandus. Et mandatum est eidem Archidiacono ut, etc.

# (*Arcßiöiaconatus* Ijuntingöonie.

## ANNUS XI.

*[William de Ebor, clerk, is instituted to the church of Ripton Regis.]*

RIPTON PARVA.—Willelmus de Ebor', clericus, cui dominus Legatus ecclesiam de Ripton regia auctoritate contulerat, demum de consensu Abbatis de Rameseia, patroni, ad eandem est admissus et in ea canonice persona institutus. Et mandatum est Archidiacono Huntingdonie quod ipsum in corporalem illius ecclesie possessionem inducat. _____

*[Nicholas, clerk, presented by the Abbot and Convent of Thorney, is instituted to the church of Newnham. The vicarage is reserved to Hugh de Butemund.]*

NEWENHAM.—Nicholaus, clericus, presentatus per Abbatem et conventum de Thorney ad ecclesiam de Newenton [*sic*], facta prius inquisitione per R., Archidiaconum Huntingdonie, per quam negotium fuit in expedito, admissus est et in ea canonice persona institutus; salva Hugoni de Butemund, clerico, vicaria quam habet in eadem; qui dictam ecclesiam tenebit nomine perpetue vicarie, reddendo inde dicto Nicholao, et successoribus suis tanquam personis, quinque marcas annuas nomine pensionis. Et mandatum est dicto Archidiacono quod ipsum N. in corporalem illius ecclesie possessionem inducat juxta formam premissam, ita tamen quod ad proximos ordines ante festum Sancti Michaelis veniat in subdiaconum ordinandus. _____

*[John de Herlaua, clerk, presented by the Proctor of the Abbey of Cluny, is instituted to the church of Offord Cluny.]*

OPFORD ABBATIS.—Johannes de Herlaua, clericus, presentatus per fratrem Harpinum, procuratorem generalem Abbatis Cluniacensis in Anglia, ad ecclesiam de Opford, facta prius inquisitione per Magistrum Willelmum de Walepol, Officialem Archidiaconi Huntingdonie, per quam, etc., admissus est et in ea canonice persona institutus. Et mandatum est Officiali quod ipsum J., etc. _____

*[Thomas, chaplain, presented by the Abbot and Convent of Croyland, is instituted to the church of Folksworth.]*

FOUKESWORTH.—Thomas, cappellanus, presentatus per Abbatem et conventum de Cröyland ad ecclesiam de Foukesworth, facta prius inquisitione per Magistrum W. de Walepol, etc., admissus est et persona institutus cum onere deserviendi in eadem. Et mandatum est, etc. [*In the margin :*—] Exigantur littere presentationis.

## ANNUS DUODECIMUS.

[*Andrew, clerk, presented by William Basset, is instituted to the church of Rushden.*]

RUSSENDEN.—Andreas, clericus, presentatus per Willelmum Basset ad ecclesiam de Russenden, facta prius inquisitione per Magistrum W., Officialem Archidiaconi Huntingdonie, etc., admissus est et in ea canonice persona institutus, cum onere ad proximos ordines veniendi ut in subdiaconum ordinetur, salvo jure cujuslibet super cappella de Bradfeld. Et mandatum est dicto Officiali, etc. [*In the margin:*—] Idem Andreas faciet nobis habere litteras presentationis.

[*William de Burgh, clerk, presented by the Abbot and Convent of Ramsey, is instituted to the church of St. Andrew, Huntingdon. A pension is reserved to the Sacristan of Ramsey.*]

SANCTI ANDREE, HUNTINGDONE.—Willelmus de Burgo, clericus, presentatus per Abbatem et conventum Rameseie ad ecclesiam sancti Andree in Huntingdonia, facta prius inquisitione per R., Archidiaconum Huntingdonie, etc., admissus est et in eadem institutus; salva sacristie de Rameseia debita et antiqua pensione; cum onere deserviendi personaliter in ea in officio sacerdotali cum domino Episcopo placuerit et cum pena inflicta hiis qui fuerint incontinentia notati. Injunxit autem dominus Episcopus ipsi Willelmo ut ad festum Sancti Michaelis proximum et inantea scolas frequentet donec ad ordines vocetur, ut secundum quod dominus Episcopus ipsum viderit proficere in scolis tam super ordinum susceptione quam super residentia in ecclesia sua facienda ei inducias concedat. Et mandatum est dicto Archidiacono quod illum in corporalem ipsius ecclesie possessionem inducat juxta formam premissam, et si scolas, ut dictum est, non frequentaverit, vel si incontinentia notatus fuerit, diligenter inquirat, et illud pro loco et tempore domino Episcopo scire faciat.

[*Thomas de Windesor', clerk, presented by John de Sumery, is instituted to the church of Bygrave, vacant by the resignation of the said John de Sumery.*]

BIGRAVA.—Magister Thomas de Windesor', clericus, presentatus per Johannem de Sumery ad ecclesiam de Bigrava, vacantem eo quod idem Johannes, qui proximo eam tenuit, cingulum milicie sollempniter assumpsit, facta prius inquisitione per R., Archidiaconum Huntingdonie, etc., admissus est et in ea canonice persona institutus. Et injunctum est dicto Magistro Thome, post factam obedientiam domino Episcopo, quod sub debito prestiti juramenti alienata a dicta ecclesia pro viribus revocet. Et mandatum est Magistro W., Officiali Archidiaconi Huntingdonie, quod secundum formam premissam, etc.

*[Richard, chaplain, presented by Henry de Braibroc, is instituted to the chapelry of Barley. A pension is reserved to the church of Letchworth.]*

BURLEIA.—Ricardus, cappellanus, presentatus per Henricum de Braibroc ad capellam de Burle, facta prius inquisitione per Magistrum W., Officialem Archidiaconi Huntingdonie, per quam, etc., admissus est et in ea canonice vicarius perpetuus institutus, reddendo inde annuam quatuor solidorum pensionem ecclesie de Lecheword', et deserviendo personaliter eidem capelle in officio sacerdotali. Et mandatum est dicto Officiali quod secundum formam premissam, etc.

*[John de Berewic', deacon, presented by Walter de Lindes', is instituted to the church of Molesworth.]*

MULESWORTH'.—Magister Johannes de Berewic', diaconus, presentatus per Walterum de Lindes', militem, ad ecclesiam de Mulesworth, facta prius inquisitione per Archidiaconum Huntingdonie, etc., admissus est et persona institutus cum onere residentie. Indulsit etiam dominus Episcopus eidem ut per biennium proximo sequens apud Lincolniam scolas frequentet, et interim faciat idoneum capellanum eidem ecclesie deservire, ita quod post dictum biennium ad suam ecclesiam redeat, residentiam in ea facturus. Et mandatum est dicto Archidiacono quod juxta formam premissam, etc.

*[Thomas de Suffolk, deacon, presented by the Abbess and Nuns of Elstow, is instituted vicar of Hitchin. A pension is reserved to the Nuns. The vicarage is described.]*

HICCHE VICARIA.—Thomas de Suffolk, diaconus, presentatus per Abbatissam et moniales de Elnestowa ad perpetuam vicariam ecclesie de Hicch', ordinatam auctoritate Concilii, admissus est et vicarius perpetuus institutus, etc. Consistit autem dicta vicaria in toto alteragio illius ecclesie cum manso competente, et una acra terre in uno campo et alia in alio campo; solvendo inde dictis monialibus xiij marcas annuas, de quibus ipse moniales solvent fratribus Milicie

Templi unam marcam annuam: vicarius etiam solvet sinodalia, et moniales hospitium Archidiaconi procurabunt.   Et injunctum Officiali Bedefordie, etc.   [*In the margin :—*] Non habemus litteras presentationis.

———

[*Richard, chaplain, presented by the Prior and Convent of Huntingdon, is instituted vicar of Great Stukeley.  The vicarage is described.*]

STIUECL' VIC. — Ricardus, cappellanus, presentatus per Priorem et conventum de Huntingdon' ad perpetuam vicariam ecclesie de Stiuecl', ordinatam auctoritate Concilii, admissus est et vicarius perpetuus institutus, etc.   Consistit autem dicta vicaria in omnibus obventionibus altaris et minutis decimis et proventibus omnibus, exceptis terra ecclesie dominica et decima garbarum et feni, et decimis curie canonicorum tam minutis quam garbarum et feni, vicarius vero solvet sinodalia et canonici hospitium Archidiaconi procurabunt.   Et injunctum est Archidiacono, presenti, etc.   [*In the margin :—*] Non habemus litteras presentationis.

———

[*Nicholas de Lond', chaplain, presented by the Dean and Chapter of St. Paul's, London, is instituted vicar of Kensworth.  The vicarage is described.*]

KENESWORTH.—Nicolaus de Lond', cappellanus, presentatus per Decanum et capitulum Sancti Pauli Lond' ad perpetuam vicariam ecclesie de Kenesworth, de consensu J. de Sancto Laur', ejusdem ecclesie rectoris, facta prius inquisitione per R., Archidiaconum Huntingdonie, etc., admissus est et vicarius perpetuus institutus.   Et consistit dicta vicaria in toto altaragio illius ecclesie, cum tota terra que ad ipsam ecclesiam pertinet, exceptis duabus acris propinquioribus atrio ecclesie versus aquilonem, cum uno parvo curtillagio ab eadem parte, quod est cimiterio vicinum.   Rector autem dicte ecclesie hospitium Archidiaconi et vicarius procurabit solvet sinodalia.   Et injunctum est Archidiacono, presenti, etc.

———

[*Robert de Sumeresham, clerk, presented by G. Grim, the parson of the church of Somersham, and Samson, vicar of the same church, is instituted to the benefice of the altar dues of the church of Somersham and its chapelries.*]

SUMERESHAM'.—Robertus de Sumeresham, clericus, presentatus per Magistrum G. Grim, personam ecclesie de Sumeresham', et Sansonem, vicarium ejusdem ecclesie, ad beneficium totius altaragii ecclesie de Sumeresham', et omnium capellarum ad eandem ecclesiam pertinentium, admissus est et in eodem institutus, ad eundem titulum in diaconum ordinatus.   Provisum est etiam a domino Episcopo quod idem R. in ordine diaconatus in ecclesia deserviet memorata, et quod ratione illius tituli in ordine superiori non possit dicte ecclesie deservire. Et mandatum est dicto Archidiacono quod secundum formam premissam, etc.

―――――

[*Richard, son of Reyner, clerk, presented by Joan, his mother, is instituted to the church of Shenley. Hugh de Rochester is appointed to the vicarage, here described.*]

SENLE.—Vacante ecclesia de Senle, cum Ricardus filius Reyneri, clericus, ad ipsam ecclesiam per dominam Johannam, matrem suam, presentatus minus sufficienter esset litteratus, post inquisitionem per Archidiaconum Huntingdonie factam, per quam, etc., iidem Johanna et Ricardus super dicta ecclesia se penitus subjecerunt ordinationi. Qui ordinavit in hunc modum, videlicet, quod dictus Ricardus, quia spes erat de eo, ad presentationem prefate Johanne habeat totam dictam ecclesiam de Senl'; salva vicaria consistente in subscriptis; scilicet in omnibus obventionibus altaris et minutis decimis ecclesie de Senl' et in omnibus decimis garbarum de dominico domine Muriell' et hominum suorum, de toto feodo Rogeri filii Simonis in Titehurst' et preterea in una marca cum premissis, que debet ipsi vicario per viros fidedignos juratos de mandato Archidiaconi Huntingdonie in certa portione ecclesie assignari. Et sustinebit persona omnia onera episcopalia et archidiaconalia debita et consueta illius ecclesie pro vicario memorato. Ordinavit etiam dominus Episcopus quod dictus Ricardus, persona, scolas frequentet et addiscat; sin autem predicta ecclesia privetur et eadem alii conferatur. Et si idem Ricardus, decedente vicario suo, dignus sit majori beneficio ecclesiastico, tota ecclesia ipsa accrescet; sin autem, nichil unquam amplius quam quod modo habet in dicta ecclesia poterit vendicare. Dictus, igitur, Ricardus ad predictam ecclesiam per dominam Johannam presentatus et in forma predicta admissus et persona institutus. Hugonem de Rof', cappellanum, ad memoratam vicariam de consensu ipsius domine Johanne, patrone, domino Episcopo presentavit, quem dominus ad ejusdem presentationem admisit et in dicta ecclesia vicarium perpetuum instituit. Et injunctum est R., Archidiacono Huntingdonie, etc.

―――――

[*John Foliot, presented by the Abbot and Convent of Ramsey, is instituted to the church of Therfield. A pension is reserved to the Abbey of Ramsey.*]

TEREFELD.—Johannes Foliot, presentatus per Abbatem et conventum de Rameseia ad ecclesiam de Terefeld', facta prius inquisitione per R., Archidiaconum Huntingdonie, etc., admissus est et persona institutus; salva de eadem ecclesia dictis monachis debita et antiqua pensione. Et mandatum est dicto Archidiacono, etc.

————

[*John de Tirefeld, presented by the same Abbot and Convent, is instituted to the church of Ripton.*]

RIPTON.—Johannes de Tirefeld, presentatus per eosdem Abbatem et conventum ad ecclesiam de Ripton, admissus est et persona institutus. Et mandatum est, etc.; littere presentationis super ecclesiis de Terefeld et de Ripton sunt in scriniis domini Episcopi, et littere patentes dictorum Abbatis et conventus super eo quod subjecerunt se ordinationi domini Episcopi super ecclesiis de Terefeld, de Ripton, et de Barton, et de obligatione qua obligaverunt se ad solutionem decem marcarum, sunt apud Lincolniam in custodia Petri de Chevremunt, canonici Lincolniensis.

————

## ANNUS XIII.

[*Robert, chaplain, presented by Gilbert, parson of the church of Eynesbury, with the consent of the Countess of Winchester, is instituted vicar of Eynesbury.*]

EINESBUR'.—Robertus, cappellanus, presentatus per Gilbertum, personam ecclesie de Einesbur', de consensu domine M., Comitisse de Winton', ad perpetuam vicariam ejusdem ecclesie, facta prius inquisitione per Magistrum W. de Walepol, Officialem Huntingdonie, etc., admissus est et in ea canonice vicarius perpetuus institutus. Et mandatum est dicto Officiali, etc.

————

[*Roger, clerk, presented by the Abbot and Convent of Ramsey, is instituted to the church of Holywell.*]

HALIWELL.—Rogerus, clericus, presentatus per Abbatem et conventum de Rameseia ad ecclesiam de Haliwell, facta prius inquisitione per R., Archidiaconum Huntingdonie, etc., admissus est et persona institutus, ita quod ad proximos ordines post Pentecosten veniat in subdiaconum ordinandus. Et mandatum est, etc.

————

[*John, clerk, presented by Gilbert, Rector of the church of Eynesbury, is instituted to the chapelry of St. Thomas the Martyr, of Hardwick.*]

HERDEWIC'.—Johannes [*blank*], clericus, presentatus per Gilbertum, rectorem ecclesie de Einesbir', ad capellam Beati Thome Martiris de Herdwic', facta prius inquisitione per Magistrum W.,

Officialem Archidiaconi Huntingdonie, etc., admissus est et in ea canonice persona institutus cum onere residentie, et eidem cappelle in officio sacerdotali personaliter deserviendi. Et mandatum est dicto Officiali, etc. _____

[*Alan de Keilestorp', chaplain, is collated to the church of Stilton. A pension is reserved to the Dean and Chapter of Lincoln Cathedral for the maintenance of its choir.*]

STILTON.—Magister Alanus de Keilestorp', cappellanus, cui dominus Episcopus ecclesiam de Stilton contulit, ad eandem ecclesiam admissus est et persona institutus, cum onere residentie, et sub pena incontinentibus inflicta; salvis de eadem ecclesia centum solidis annuis in augmentum perpetue sustentationis clericorum de choro Lincolniensi, per quos celebratur officium cotidianum de gloriosa Virgine in ecclesia Lincolniensi, in loco ad hoc deputato per manum ipsius A. et successorum suorum ipsius ecclesie personarum, persolvendis preposito ipsius a Decano et capitulo Lincolniensibus constituto. Et mandatum est Archidiacono Huntingdonie, etc.

[*Matthew, son of Waleran, clerk, presented by Joan La Blunde, is instituted to the church of Shenley. The vicarage, described, is reserved to Hugh, the chaplain.*]

SENLEY.—Matheus, filius Waleranni, clericus, presentatus per dominam Johannam La Blunde ad ecclesiam de Senley, facta prius inquisitione per R., Archidiaconum Huntingdonie, etc., admissus est et canonice persona in ea institutus; salva perpetua vicaria Hugonis capellani, que consistit in toto altaragio ejusdem ecclesie et in decimis de dominico Rogeri filii Symonis, et hominum suorum, in Titeberste, et in decimis capelle de Colnea, et in redditu xij denariorum cum tofto. Injunctum est etiam dicto Matheo sub debito juramenti domino Episcopo prestiti quod scolas exerceat et addiscat. Et mandatum est dicto Archidiacono quod ipsum M., in coporalem predicte ecclesie possessionem juxta formam premissam inducens, si scolas, ut dictum est, non frequentaverit, beneficium suum in manus domini Episcopi sequestret.

[*Simon de Eygnebir', chaplain, presented by Ralph de Lond', Rector of Southoe, with the assent of Nigel de Luvetot, the patron. is instituted to the vicarage of the Chapel of St. Nicholas, of Hailweston. The vicarage is described.*]

SANCTI NICHOLAI DE WESTON.—Simon de Eygnebir', capellanus, presentatus per Magistrum Radulfum de Lond', Rectorem ecclesie de Sudho de assensu Nigelli de Luvetot, patroni

eiusdem, ad vicariam capelle Sancti Nicholai de Weston pertinentis ad dictam ecclesiam, facta prius inquisitione per R., Archidiaconum Huntingdonie, per quam, etc., ad eandem admissus est
et in ea perpetuus vicarius institutus.   Consistit, autem, vicaria ipsa
in toto alteragio, salva matrici ecclesie de Sudho sepultura mor-
tuorum, primo legato, et honorificentiis, que matrici ecclesie deben-
tur a capella.   Et mandatum est Archidiacono Huntingdonie, etc.

———

[*Gilbert de Tywa, presented by John de Tywa, is instituted to the church of
Watton-at-Stone.*]

WATTUN'.—Magister Gilbertus de Tywa, presentatus per
Johannem de Tywa, militem, ratione custodie terre et heredis
Roberti de Wathtunestam, ad ecclesiam de Wathtunest', facta prius
inquisitione per R., Archidiaconum Huntingdonie, per quam
negotium, etc., sub pena Concilii admissus est et persona institutus.
Et injunctum est eidem Archidiacono, presenti, ut, etc.   De ordinatione ecclesie de Wathamst' habetur in rotulo cartarum anni xiii
a tergo.

[*On the dorse:—*]

[*The charge of the church of Bradfield is entrusted to Alexander Falconus.*]

Custodia ecclesie de Bradefelde commissa est Magistro
Alexandro Falconi, ad eam per Radulphum, filium Fulkonis, presentato usque ad proximos ordines ante festum Sancti Michaelis,
anno pontificatus domini Episcopi xiij, ut tunc veniat ordinandus.
Et mandatum est Archidiacono Huntingdonie.

———

ANNUS XIV.

[*Hugh de Wilemundel, chaplain, is instituted vicar of Bygrave.   The vicarage is
described.*]

BIGRAVA VIC'.—Portiones vicarie de Bigrave et earum esti-
matio, facta per capitulum loci, recepte per Ph., Archidiaconum
Huntingdonie: Die Omnium Sanctorum in oblationibus xii denarios
et eodem die in carruagio ix denarios, die Natalis Domini in oblationibus vij solidos et in pane viij denarios, die Purificationis beate
Virginis in oblationibus iij solidos.   De confessionibus et die
Parascues ij solidos.   De ovis xij denarios ; die Pasche in oblationibus dimidiam marcam.   In pane viij denarios, de agnis, lana,
et lino xx solidos, de caseo viii solidos, die Sancte Margarete in
omnibus oblationibus xvj solidos.   De minutis decimis et omnibus
aliis obventionibus x solidos.   Preterea duo quarteria frumenti et

tria avene de grangia persone, estimationis dimidie marce. Summa totius vj marce, iij solidi, v denarii. Hugo de Wilemundel', capellanus, admissus est et institutus.

———

[*John, clerk, presented by Joan La Blunde, is instituted to the church of Shenley. The vicarage is reserved to Hugh, the chaplain.*]

SENLE.—Johannes, clericus, presentatus per Johannam La Blunde, mulierem, ad ecclesiam de Senle, facta prius inquisitione per Archidiaconum Huntingdonie, etc., admissus est et persona institutus, salva perpetua vicaria Hugonis capellani quam habet in eadem, que consistit, ut supra paulo ante, in institutione Mathei proximo rectoris ejusdem. Et mandatum est Archidiacono Huntingdonie, etc.

———

[*Robert de Gravele, sub-deacon, presented by the Abbot and Convent of Thorney, is instituted to the church of Haddon. A pension is reserved to the Abbey.*]

HADDON'.—Robertus de Gravele, subdiaconus, presentatus per Abbatem et conventum de Thorn' ad ecclesiam de Haddon in Archidiaconatu Huntingdonie, facta prius inquisitione per Magistrum Willelmum, Officialem Archidiaconi Huntingdonie, per quam, etc., admissus est et in ea persona institutus; salva eis de eadem ecclesia debita et antiqua pensione; cum onere ad proximos ordines veniendi ut in acolitum ordinetur. Et injunctum est dicto clerico quod scolas frequentet continue et addiscat; alioquin dominus Episcopus ipsum per sententiam latam dicta ecclesia privabit. Et mandatum est Archidiacono Huntingdonie quod dictum Robertum in corporalem possessionem prefate ecclesie juxta formam •premissam inducens, si dictus R. ad ordines non venerit et scolas non frequentet, ut dictum est, prefatam ecclesiam in manus domini Episcopi sequestret.

———

[*Robert de Tuardo, presented by the Abbot and Convent of Grestein, is instituted to the church of St. Peter, Berkhampstead. A pension is reserved to the Monastery.*]

ECCLESIA SANCTI PETRI DE BERCHAMST'.—Magister Robertus de Tuardo, presentatus per Abbatem et conventum de Gresteng' ad ecclesiam Sancti Petri in Berchamst', facta prius inquisitione per Archidiaconum Huntingdonie, per quam negotium, etc., admissus est et in ea canonice persona institutus; salva dictis monachis de eadem ecclesia debita et antiqua pensione. Et mandatum est dicto Archidiacono, etc.

[*Peter de Alto Bosco, clerk, presented by John de Sumeri, is instituted to the church of Bygrave. The vicarage is reserved to Hugh, the chaplain.*]

BIGRAVE.—Petrus de Alto Bosco, clericus, presentatus per Johannem de Sumeri ad ecclesiam de Bigrava, facta prius inquisitione per R., Archidiaconum Huntingdonie, etc., admissus est et in ea canonice persona institutus; salva Hugoni capellano perpetua vicaria quinque marcarum ordinanda in eadem ecclesia quam ad presentationem dicti Petri persone habet in eadem. Et injunctum prefato Petro, persone, sub debito prestiti juramenti quod scolas frequentet et addiscat; alioquin, etc. Et mandatum est dicto Archidiacono Huntingdonie quod tam personam quam vicarium predictos, etc. [*In the margin :*—] Non habemus litteras presentationis vicarii.

[*Simon de Sopewell, chaplain, presented by Adam son of William, and Henry son of Alcher, is instituted to the church of Radwell.*]

RADEWELL'.—Simon de Sopewell', capellanus, presentatus per Adam filium Willelmi et Henricum filium Alcheri, patronos ecclesie de Radewell, ad eandem ecclesiam, facta prius inquisitione per Magistrum W., Officialem R., Archidiaconi Huntingdonie, admissus est et in ea canonice persona institutus. Et mandatum est Ph., Archidiacono Huntingdonie, etc.

[*A pension of ten shillings in the church of Caldecot is given to William de Beinvill, already vicar of the same.*]

CHALDECOT.—Anno pontificatus domini Episcopi quarto decimo, in octavis Apostolorum Petri et Pauli, dominus Episcopus• contulit auctoritate Concilii pensionem decem solidorum in ecclesia de Caldecot Willelmo de Beinvill' qui prius fuit vicarius in eadem, facta prius inquisitione per Archidiaconum Huntingdonie, per quam, etc. Et mandatum est Archidiacono Huntingdonie, etc.

[*Richard Russell, sub-deacon, presented by Vitalis de Grafham, is instituted to the church of Grafham.*]

GRAFHAM.—Octavo kalendas Octobris Ricardus Russell, subdiaconus, presentatus per Vitalem de Grafham ad ecclesiam ejusdem ville, facta prius inquisitione per R., Archidiaconum Huntingdonie, receptis etiam litteris domini Regis continentibus quod idem Vitalis apud Westmonasterium recuperavit saisinam suam de advocatione predicte ecclesie versus Elyam de Amundeville, Hubertum de Braunford, Willelmum de Maupas, Priorissam

Huntingdonie, Stephanum filium Simonis, et Laurentium filium Cuthberti per assisam ultime presentationis ibi captam, per que, etc., ad eandem admissus est, etc. Et injunctum est dicto R., Archidiacono, ut, etc. [*In the margin:*—] Exigantur littere presentationis.

---

[*John de Latton, chaplain, presented by Margaret, Countess of Winchester, is instituted to the church of Eynsbury. The vicarage is reserved to Robert, the chaplain.*]

EYNESBIR'.—XI Nonas Octobris Johannes de Latton', capellanus, presentatus per nobilem mulierem dominam Margaretam, Comitissam Winton', ad ecclesiam de Eynesbir', facta prius inquisitione per Archidiaconum Huntingdune, per quam, etc., admissus est et in ea canonice persona institutus; salva perpetua vicaria Roberti capellani quam habet in eadem; salvo, etiam, jure quod Prior et monachi de Sancto Neoto habent in medietate decime bladi ejusdem ecclesie. Et mandatum est Archidiacono, etc.

---

[*John, chaplain, presented by the Prior and Canons of Huntingdon, is instituted to the church of St. Martin, in Huntingdon. A pension is reserved to the Canons of Huntingdon.*]

ECCLESIA SANCTI MARTINI IN HUNTINGDUN'.—Tertio idus Octobris Johannes, capellanus, presentatus per Priorem et canonicos de Huntingdun' ad ecclesiam Sancti Martini in Huntingdun', facta prius inquisitione per Archidiaconum Huntingdun' per quam, etc., admissus est, et in ea canonice persona institutus; salva dictis Priori et canonicis de Huntingedun' pensione duarum marcarum quam de eadem ecclesia percipere consueverunt. Et injunctum est decano Huntingedun', etc.

---

[*William de Graule, chaplain, presented by the Prior and Brethren of the Hospital of Little Wymondley, is instituted vicar of Little Wymondley. The vicarage is described.*]

WIMUNDELE'.—Tertio idus Octobris Willelmus de Graule, capellanus, presentatus per Priorem et fratres hospitalis de Parva Wimundele ad vicariam ecclesie de Parva Wimundele, facta prius inquisitione per Archidiaconum Huntingedun', per quam, etc., admissus est et in ea canonice perpetuus vicarius institutus: Consistit autem vicaria in toto altalagio, exceptis decimis et obventionibus fratrum Hospitalis quod situm est in eadem parochia, et exceptis oblationibus totius familie eorundem et decima de vinea domini, et oblationibus domini et libere familie sue si quando in alio loco oblationes suas facere voluerint. Magister vero dicti Hospitalis respondebit de oneribus debitis et consuetis. Et mandatum est Archidiacono, etc.

---

[*Nicholas de Farnham, presented by the King, is instituted to the church of Essendon.*]

ESENDEN.—Quarto nonas Decembris Magister Nicholaus de Farnham, presentatus per dominum Regem ad ecclesiam de Esenden, facta prius inquisitione per Philippum, Archidiaconum Huntingdon', per quam, etc., admissus est ad eandem ecclesiam cum pertinentiis, et in ea canonice persona institutus. Et mandatum est dicto Archidiacono, etc.

---

[*On the dorse :—*]

ANNUS QUARTUS DECIMUS.

[*The Abbot and Convent of St. Albans present John, a monk of their house, to the priory of Hertford.*]

Anno pontificatus domini Lincolniensis Episcopi, Hugonis secundi, xiv, die lune proxima post festum Epiphanie circa horam diei primam, ante prandium, apud Buggindene in aula ejusdem Episcopi, Johannes monachus de Sancto Albano exhibuit eidem Episcopo litteras patentes Abbatis et conventus de Sancto Albano, per quas ipsum Johannem presentaverunt ad prioratum de Hertford, conceptas in hac forma : "Venerabili in Christo Domino et Patri H., Dei gratia Episcopo Lincolniensi, W., eadem gratia Abbas, et conventus Sancti Albani, salutem, honorem, et reverentiam. Bone memorie Willelmo quondam Priore de Hertford viam universe carnis nuper ingressso, dilectum fratrem nostrum Johannem, latorem presentium, providimus in priorem ejusdem domus, eidem Willelmo substituendum. Ipsum igitur sanctitati vestre presentamus, humiliter et devote supplicantes quatinus secundum formam compositionis inter ecclesiam vestram et nostram facte et firmate, ipsum sine more dispendio et difficultate velitis admittere. Valete in Christo." Dominus autem Episcopus, auditis et intellectis predictis litteris, dictum Johannem ad prioratum predictum de Hertford admisit, et ipsum priorem ejusdem domus instituit juxta formam compositionis inter ecclesiam Lincolniensem et ecclesiam Sancti Albani facte; salvo, tamen, jure conventus Sancti Albani; et ideo salvo jure ipsius conventus, quia, cum litteris predictis presen-[tationis] appensum esset sigillum Abbatis Sancti Albani, eedem tamen littere non fuerunt sigillo conventus Sancti Albani signate, propter quod Dominus Episcopus certus non erat utrum in hac presentatione sepedicti conventus intervenisset assensus, nisi quod dictus Johannes, in verbo veritatis, adjuratus firmiter asseruit quod illa presentatio et ille littere emanaverunt de conscientia conventus predicti; nichilominus tamen dominus Episcopus, salvo jure dicti conventus, prefatum Johannem ad memoratum prioratum sicut dictum est admisit ; ita quod, si sine assensu ipsius conventus presentatus esset, super hoc eidem conventui prejudicium non fieret, set per hanc admissionem et institutionem nichil actum esset. Postquam igitur dictus Johannes ad memoratum prioratum sicut dictum est fuit admissus, juravit ipsi domino Episcopo et successoribus suis canonicam obedientiam ; cui, post dictam obedientiam factam, dictus Episcopus injunxit, in virtute obedientie, ut diligentiam apponeret ad impetrandum litteras conventus Sancti Albani de consensu eorum adhibito dicte presentationi et quod, ipsas litteras domino Episcopo infra certum tempus faceret habere. Et injunxit dominus Episcopus Archidiacono Huntingdonie quod ipsum Priorem in corporalem possessionem illius prioratus juxta formam premissam induceret. Acta sunt hec coram domino Jocelino Bathoniensi Episcopo, Roberto Archidiacono Huntingdonie, Rogero cappellano dicti domini Bathoniensis, Magistris Willelmo de Lincolnia et Amaurico de Buggindene, canonicis Lincolniensibus, Willelmo de Winchecumbe, Olivero de Chedneto, Johanne de Bannebiry, et Euzebio, clericis.

## Annus Quintus Decimus.

[*Thomas de Bosco, acolyte, presented by Geoffrey de Zoin, is instituted to the church of Westmill.*]

WESTMELL'.—Quarto idus Februarii Thomas de Bosco, accolitus, presentatus per Galfridum de Zoin ad ecclesiam de Westmell, facta prius inquisitione per Ph., Archidiaconum Huntingdonie, per quam, etc., admissus est ad eandem, et in ea canonice persona institutus. Et mandatum est Archidiacono predicto, etc.

[*Nicholas de Kinemereford, sub-deacon, presented by the King, is instituted to the church of Langley, vacant by the resignation of Adam de Chaworh'.*]

LINLEYA.—Nicholaus de Kinemereford, subdiaconus, presentatus per dominum Regem, ratione terrarum Normanorum in manu sua existentium, ad ecclesiam de Lingleg' vacantem ad resignationem Ade de Chaworh', facta prius inquisitione per Philippum, Archidiaconum Huntingdonie, per quam, etc., admissus est ad eandem et in ea canonice persona institutus. Et injunctum est Archidiacono, presenti, quod, etc. Actum idibus Aprilis.

------

[*Walter, chaplain, presented by the Abbot and Convent of Waltham, is instituted vicar of the church of All Saints, Hertford. A pension is reserved to the Abbey. The vicarage is described.*]

VICARIA OMNIUM SANCTORUM HERTFORD.—Walterus, cappelanus, presentatus per Abbatem et conventum de Walth' ad perpetuam vicariam ecclesie Omnium Sanctorum in Hertford, facta prius inquisitione per Ph., Archidiaconum Huntingdonie, per quam, etc., admissus est et in ea, sub onere et pena vicariorum, vicarius perpetuus institutus. Consistit, autem, dicta vicaria in omnibus minutis decimis et obventionibus altaris; salva dictis Abbati et conventui pensione sua, cum eam probaverint debitam esse et antiquam; et sustinebit vicarius omnia onera illius ecclesie ordinaria. Et mandatum est dicto Archidiacono per Johannem, decanum Hertford', viva voce, ut, etc.

------

[*Hugh de Lond', clerk, presented by the Abbot and Convent of Grestein, is instituted to the church of St. Peter, Berkhampstead.*]

BEATI PETRI BERKHAMPSTED.—Magister Hugo de Lond', clericus, presentatus per Abbatem et conventum de Gresteng' ad ecclesiam Beati Petri de Berkhamsted, facta prius inquisitione per Ph., Archidiaconum Huntingdonie, per quam, etc., admissus est et in ea canonice persona institutus. Et mandatum est dicto Archidiacono ut, etc. Et injunctum est dicto Magistro H. ne dictis Abbati et conventui super aliqua pensione respondeat, donec probaverint eam esse debitam et antiquam.

------

[*Thomas de Barsingham, chaplain, presented by Jordan, rector of Flamstead, with the consent of Ralph de Tony, the patron, is instituted vicar of Flamstead. The vicarage is described.*]

VICARIUS DE FLAMSTED.—Magister Thomas de Barsingham, cappellanus, presentatus per Jordanum, rectorem ecclesie de Flamsted, de consensu domini Radulfi de Tony, militis, patroni ejusdem ecclesie ad perpetuam vicariam ecclesie de Flamsted, facta prius inquisitione per Ph., Archidiaconum Huntingdonie, per quam, etc., admissus est et in ea vicarius perpetuus institutus. Consistit autem dicta vicaria in omnibus obventionibus altaris et in tota libera terra ad dictam ecclesiam pertinente, cum manso quem precedens vicarius habuit; salvis persone ejusdem ecclesie terris et redditibus hominum de eadem ecclesia tenentium. Vicarius etiam sustinebit omnia onera ordinaria eandem ecclesiam contingentia, et preterea solvet persone unam marcam annuam nomine pensionis ad festum Sancte Margarete, quod postea presens Jordanus remisit eidem. Pro extraordinariis autem utrique pro sua portione respondebunt. Et mandatum est dicto Archidiacono ut, etc.

---

[*Ralph de Repinghall, clerk, presented by the Abbot and Convent of Croyland, is instituted to the church of Morborne. A pension is reserved to the Abbey.*]

MORBURN.—Radulfus de Repinghall, clericus, presentatus per Abbatem et conventum de Croiland ad ecclesiam de Morburn, facta prius inquisitione per Ph., Archidiaconum Huntingdonie, per quam, etc., admissus est et in ea canonice persona institutus; ita tamen quod ad proximos ordines domini Episcopi veniet in subdiaconum ordinandus; salva etiam dictis Abbati et conventui de eadem ecclesia pensione sua cum eam probaverint esse debitam et antiquam. Et mandatum est dicto Archidiacono ut, etc. Subdiaconus est.

---

[*John de Remdon, sub-deacon, presented by Robert son of Walter, is instituted to the church of Sacombe. The vicarage is reserved to Miles, the chaplain.*]

SAVECAMP.—Johannes de Remdon', subdiaconus, presentatus per nobilem virum Robertum filium Walteri ad ecclesiam de Savecomp, facta prius inquisitione per Ph., Archidiaconum Huntingdonie, per quam, etc., admissus est et in ea canonice persona institutus; salva vicaria perpetua Miloni, cappellano, quam habet ut dicitur in eadem. Injunctum est etiam dicto J. ut scolas frequentet et addiscat. Et mandatum est prefato Archidiacono ut, etc.

---

## ANNUS XVI.

[*Henry de Wenrich, sub-deacon, presented by the Dean and Chapter of St. Paul's, London, is instituted to the church of Kensworth. A pension is reserved to the Chapter.*]

HUNTINGDONIA KENESWRD'.—Henricus de Wenrich, subdiaconus, presentatus per Decanum et capitulum Sancti Pauli Lond' ad ecclesiam de Kenesworth, facta prius inquisitione per Ph., Archidiaconum Huntingdonie, per quam, etc., admissus est et in ea canonice persona institutus ; salva dictis Decano, capitulo, et successoribus suis de eadem debita et antiqua pensione. Et injunctum est R., Officiali dicti Archidiaconi, ut prefatum H. in corporalem ejusdem ecclesie possessionem inducat.

———

[*Nigel de Insula, deacon, presented by the Abbot and Convent of Thorney, and Robert son of Fulk of Nottingham, presented by the said Nigel, are instituted rector and vicar of Yaxley respectively.*]

JAKESL'.—Vacante ecclesia de Jakesl' per resignationem R., Decani Ebor', quondam rectoris ejusdem, literatorie domino Episcopo factam et ab eo approbatam et acceptam, Abbas Thornye, ad quem ipsius ecclesie pertinet advocatio, comparens cum litteris conventus sui de rato coram dicto domino Episcopo apud Vetus Templum London' tam super personatu quam super vicaria in ipsa ecclesia taxandis et assignandis pro se et conventu suo simpliciter et absolute dicti domini Episcopi se subjecit ordinationi ; qui quidem ordinavit ut clericus instituendus ad presentationem ipsius Abbatis et conventus persona in eadem sexdecim marcas annuas percipiet, nomine pensionis, per manum vicarii, qui totum residuum illius ecclesie tenebit quoad vixerit ; de quibus duas marcas monachis Thorneye persolvet annuatim. Nigellus de Insula igitur, diaconus, presentatus per dictum Abbatem ex parte sua et conventus ad prefate ecclesie personatum admissus est et canonice persona institutus ; Robertus autem filius Fulkon' de Nottingham, cappellanus, presentatus per dictum Nigellum ad perpetuam ipsius ecclesie vicariam, dicto Abbate pro se et conventu suo ad id adhibente consensum admissus est et in ea vicarius perpetuus institutus, qui quidem totam ecclesiam ipsam cum pertinentiis tenebit quoad vixerit, reddendo dicto Nigello et successoribus suis ejusdem ecclesie personis sexdecim marcas, ut dictum est, nomine pensionis. Et mandatum est Archidiacono Huntingdonie ut dictos N. et R. induci faciat in corporalem dictarum portionum possessionem.

———

[*Robert Grosseteste, deacon, is collated to the church of Abbotsley.*]

ALBODESL'.—Magister Robertus Grosseteste, diaconus, cui dominus Episcopus ecclesiam de Albodesleg' auctoritate contulit Concilii, in eadem persona est institutus, salvo jure uniuscujusque in posterum qui in ea evicerit jus patronatus. Et mandatum est Archidiacono Huntingdonie ut, etc. Actum apud Vetus Templum Lond' septimo kalendas Maii. Vacaverat autem ecclesia predicta a nonis Novembris anno pontificatus domini Episcopi xv.

[*William de Pertenhale, chaplain, presented by E. de Offorde, is instituted to the church of Offord Darcy.*]

ORFORDE DACI [?].—Willelmus de Pertenhale, capellanus, presentatus per dominam E. de Offorde ad ecclesiam de Offorde le Daneis, facta prius inquisitione per Ph., Archidiaconum Huntingdonie, per quam, etc., admissus est et in ea canonice persona institutus cum onere et pena vicariorum, salva canonicis de Huntingdone portione sua quam habent [in eadem. Et m]andatum est dicto Archidiacono, etc.

[*Hugh de Sautereya, chaplain, presented by Thomas, the rector, is instituted vicar of Warboys. The vicarage is described.*]

WARDEBOIS VICARIA.—Hugo de Sautereya, capellanus, presentatus per Thomam, rectorem ecclesie de Wardebois, ad perpetuam ipsius ecclesie vicariam, interveniente Abbatis et conventus Ramesie, ipsius ecclesie patronorum, assensu, facta prius inquisitione per Philippum, Archidiaconum Huntingdonie, per quam, etc., ad eandem admissus est et vicarius perpetuus cum onere et pena vicariorum institutus. Consistit autem dicta vicaria in toto altaragio illius ecclesie, scilicet in omnibus minutis decimis et obventionibus ad altaragium pertinentibus. Et mandatum est dicto Archidiacono ut, etc.

[*Robert de Hedleya is collated to the church of Little Gidding.*]

GEDDING.—Magister Robertus de Hedleya, cui dominus Episcopus ecclesiam de Parva Gedding' auctoritate contulit Concilii ad eandem admissus est et in ea canonice persona institutus, salvo in posterum jure uniuscujusque qui jus patronatus evicerit in eadem. Et injunctum est Johanni, clerico Archidiaconi Huntingdonie, ut, etc. Actum xi kalendas Octobris.

[*Brice, deacon, presented by the Abbot and Convent of Ramsey, is instituted to the church of Wistow. The ancient pension is reserved to the sacristan of Ramsey.*]

WISTOWA.—Magister Bricius, diaconus, presentatus per Abbatem et conventum Ramesie ad ecclesiam de Wystouw cum capellis de Upwud' et de Raueleg' ad eandem pertinentibus, facta prius inquisitione per Ph., Archidiaconum Huntingdune, per quam, etc., ad eandem ecclesiam admissus est et in ea canonice persona institutus, salva sacriste Ramesie debita et antiqua pensione de eadem. Et injunctum est Johanni, clerico Archidiaconi Huntingdune, ut, etc.

[*John Le Abbe, clerk, presented by Adam, son of William, after a dispute about the patronage, is instituted to the church of Graveley. The vicarage is reserved to Robert de Graveleia.*]

GRAVELEIA.—Johannes le Abbe, clericus, presentatus per Adam filium Willelmi, militem, ad ecclesiam de Graveleia, facta prius inquisitione per Ph., Archidiaconum Huntingdune, receptis etiam literis domini Regis continentibus quod idem A. recuperavit presentationem suam apud Westmonasterium versus Johannem filium Willelmi de Graveleia et Radulfum filium Willelmi ad medietatem ecclesie de Graveleia per assisam ultime presentationis inde ibi inter eos captam, per que, etc., ad eandem admissus est, etc.; salva Magistro Roberto de Graveleia vicaria sua quam habet in eadem, qui totam ecclesiam illam tenebit quoad vixerit nomine vicarie sue, reddendo inde dicto Johanni et successoribus suis, ejusdem ecclesie personis, xl solidos annuos nomine pensionis. Et mandatum est dicto Archidiacono ut, etc.

———

[*Peter de Rupe, clerk, presented by the Prior and Convent of Bermondsey, is instituted to tithe at Kimbolton.*]

KINEBALT'.—Petrus de Rupe, clericus, presentatus per Priorem et conventus de Beremundeseia ad duas partes decimarum provenientium de veteri dominico Castelli de Kenebaltone, et ad duas partes minutarum decimarum de dominico, facta prius inquisitione per Philippum, Archidiaconum Huntingdonie, per quam, etc., ad easdem admissus est et in eis canonice institutus. Et mandatum est dicto Archidiacono ut, etc.

———

## ANNUS XVII.

[*Richard Foliot, sub-deacon, presented by the Abbot and Convent of Ramsey, is instituted to the church of Brington. The rights of the vicars are reserved.*]

[BRINNITON.]—Ricardus Foliot, subdiaconus, presentatus per Abbatem et conventum de Rameseia ad ecclesiam de Brinniton[1] cum pertinentiis, facta prius inquisitione per Archidiaconum Huntingdonie, per quam negotium fuit in expedito, ad eandem admissus est et in ea canonice persona institutus; salvo Ricardo et Galfrido de Br[. . . . . . .], capellanis, jure suo si quod habent in earundem ecclesiarum vicariis. Et mandatum est dicto Archidiacono ut dictum R. in corporalem ejusdem ecclesie induci faciat possessionem. Et injunctum est eidem Ricardo, sub debito juramenti prestiti, ut scolas frequentet et addiscat.

---

[1] Brininton, Brumiton, Brimuton.

[*Geoffrey de Wichintone, sub-deacon, presented by the Abbot and Convent of Ramsey, is instituted to the church of Wood Walton. The vicarage is reserved to Robert, chaplain.*]

[WANTONE.]—Galfridus de Wichintone, subdiaconus, presentatus per Abbatem et conventum Rameseie ad ecclesiam de Wantone, facta prius inquisitione per Ph., Archidiaconum Huntingdonie, per quam, etc., admissus est et in ea canonice persona institutus; salvo Roberto, cappellano, jure suo si quod habet in ejusdem ecclesie vicaria. Et mandatum est . . . . . . . ut scolas f.equentet et addiscat.

---

[*A chaplain, presented by the same Abbot and Convent, is instituted to the church of St. Andrew, Huntingdon.*]

SANCTI ANDREE HUNTINGDON.— . . . . . . mge, capellanus, presentatus per eosdem Abbatem et conventum ad ecclesiam Sancti Andree Huntingdonie, facta prius inquisitione . . . . . . . . . . . . . . . . . . . . . . . . . . . . . . . . . jus suum quod ex presentatione dictorum Abbatis et conventus in eadem ecclesia habuerat resignante, per que negotium in expedito, ad eandem admissus est et in eadem canonice cum onere et pena vicariorum persona institutus. Et mandatum est, etc.

---

[*Robert de Saleforde, presented by the Prior and Convent of Merton, is instituted to the church of Yelling.*]

GILLINGES.—Robertus de Saleforde, presentatus per Priorem et conventum de Meretone ad ecclesiam de Gillinges, facta prius inquisitione per Ph., Archidiaconum Huntingdune, per quam, etc., ad eandem admissus est, etc. Et mandatum est dicto Archidiacono ut, etc. Capellanus est.

---

[*John de Heyles, clerk, presented by Richard son of Simon, after a dispute about the patronage, is instituted to the church of Buckworth.*]

BUCKESWURTHE.—Johannes de Heyles, clericus, cui dominus Episcopus ecclesiam de Buckeswurthe auctoritate Concilii contulerat, presentatus per Ricardum filium Simonis, et receptis litteris domini Regis continentibus quod Alicia, comitissa Augi, recognovit in curia domini Regis apud Westmonasterium advocationem ejusdem ecclesie ut jus ipsius Ricardi, et illam remisit et quietam clamavit de se et heredibus suis in perpetuum; receptis etiam literis ejusdem domini Regis continentibus quod idem per recordum curie sue didicit quod tempore J. Regis, patris sui, recordatum fuit in curia sua, quod Simon filius Ricardi, tempore Regis Ricardi[1] recuperavit coram justiciariis, etc., versus Johannem de Calceto, seisinam advocationis predicte ecclesie de Buckeswurthe per assisam ultime presentationis, per que, etc., ad eandem admissus est et in ea, etc., per Willelmum de Winchecumb, procuratorem suum. Et mandatum est Archidiacono Huntingdune ut eundem vel procuratorem suum, etc.

---

[*Robert de Stoctone, chaplain, presented by the Master of the Templars, is instituted vicar of Weston, Herts. The vicarage is described.*]

WESTONE.—Robertus de Stoctone, cappellanus, presentatus per fratrem Alanum, Magistrum Milicie Templi in Anglia, ad perpetuam vicariam ecclesie de Westone, facta prius inquisitione per Ph., Archidiaconum Huntingdune, per quam, etc., ad eandem admissus est et in ea vicarius cum onere et pena vicariorum institutus. Consistit autem dicta vicaria in toto altaragio ejusdem ecclesie et in omnibus minutis decimis et obventionibus, et uno mesuagio quod Ricardus Calimus [?], quondam vicarius dicte ecclesie, tenuit. Et mandatum est dicto Archidiacono ut, etc.

---

[*Richard de Routlest, sub-deacon, presented by Ph. de Horeby, is instituted to the church of All Saints, Sawtry.*]

SAUTERY.—Ricardus de Routlest' [?], subdiaconus, presentatus per Ph. de Horeby ad ecclesiam Omnium Sanctorum de Sauterya ratione dotis Alicie de Baumville uxoris sue, facta prius inquisitione per Archidiaconum Huntingdonie, et Abbate et conventu Ramesie litteratorie hac vice consentientibus, per que, etc., admissus est et in ea canonice persona institutus. Et mandatum est dicto Archidiacono ut, etc.

---

[*Ph. de Baioc, clerk, presented by Fulk de Baioc, is instituted to the church of Covington.*]

[KUVINTONE.]—Ph. de Baioc', clericus, presentatus per Fulkonem de Baioc', militem, ad ecclesiam de Kuvintone, facta prius inquisitione per Ph., Archidiaconum Huntingdonie, per quam, etc., ad eandem admissus est et in ea canonice persona institutus; salva vicaria per [nos ordinanda in] eadem. Et mandatum est dicto Archidiacono ut, etc.

---

[1] These words from *Dodsworth MS.*, vol. 107, fol. 47.

[*Reginald de Haregrave, chaplain, presented by Ph., the rector, is instituted vicar of Covington.*]

[KUVINTONE VICARIA.]—Reginaldus de Haregrave, cappellanus, presentatus per Ph., rectorem ecclesie de Kuvintone, de [assensu domini Fulkonis de] Baioc', [ejusdem ecclesie patroni], ad vicariam ipsius ecclesie, ad eandem admissus est et in ea vicarius perpetuus [instittus], . . . . . reddendo inde dicto Ph., et successoribuus suis ejusdem ecclesie personis, xl solidos [annuatim, ad duos terminos anni videlicet] ad festum Sancti Michaelis et ad Pascha; et omnia onera illius ecclesie debita et consueta sust[inebit].

---

[*William de Lond', chaplain, presented by the Abbot and Convent of Leicester, is instituted to the chapel of St. Leonard, Chesham Bois.*]

[. . . . . .]—Willelmus de Lond', cappellanus, presentatus per Abbatem et conventum Leicestrie ad capellam sancti Leonardi de Cestresham, [facta prius inquisitione per] Archidiaconum Buckinghamie per quam, etc., ad eandem admissus est et in ea cum [etc.]

---

[*Silvester de Witone, deacon, presented by the Abbot and Convent of Ramsey, is instituted to the church of Warboys. The vicarage and a pension are reserved.*]

WARDEBOYS.—Silvester de Witone, diaconus, presentatus per Abbatem et conventum Rameseie ad ecclesiam de Wardeboys . . . . . tenuit, facta prius inquisitione per Ph., Archidiaconum Huntingdonie, per quam, etc., admissus est et in ea canonice [persona institutus, salva . . . . . . vicaria] quam habet in eadem ; salvis etiam monachis predictis de eadem quadraginta solidis annuis per dominum . . . . . Et mandatum est dicto Archidiacono, etc.

---

[*Roger de Pastone, chaplain, is presented by the Prior and Convent of Huntingdon to the church of St. John, Huntingdon.*]

SANCTI JOHANNIS HUNTINGDONIE.—Rogerus de Pastone, cappellanus, presentatus per Priorem et conventum Huntingdonie ad ecclesiam Sancti Johannis Huntingdonie . . . . . .

---

[*Luke, chaplain, is presented by W. de Mandeville to the church of Kimbolton.*]

Lucas, cappellanus, presentatus per nobilem virum W. de Mandeville ad ecclesiam de Kenebautone. . . . . . .

## ANNUS XVIII.

[*Dodsworth MS., vol. 107, fol. 47, a transcript of this roll, made in September 1641, says: "Annus xviij et sic ad xxvj desunt, quia recordum laceratum." The first entry for the eighteenth year is the institution of Reginald de Stowe to a vicarage, on the presentation of "Magister Walterus de —— ", the rector, with the assent of W. the Prior and Convent of Evermu. The second entry is apparently the institution of "Magister Robertus Grosse'teste" on the presentation of an Abbot and Canon, who had secured the patronage by a verdict of the King's court, to a church to which he had already been collated by the Bishop.*]

[*On the dorse :—*]

[*Reginald, monk, presented by the Abbot and Convent of Bec, is instituted Prior of St. Neots.*]

Quinto idus Februarii, anno pontificatus domini Episcopi sexto decimo, Reginaldus, monachus, presentatus litteratorie per Abbatem et conventum de Becco ad prioratum Sancti Neoti vacantem, comite Gloucestrie et Hertfordie voluntatem suam super hoc in beneplacitum dicti domini Episcopi transferente, ad eandem prioratum admissus est et in eo, ut moris est, per librum institutus, juramento super obedientia sollempniter subsecuto. Et injunctum est Ph., Archidiacono Huntingdonie, presenti, ut ipsum in corporalem dicti prioratus possessionem, secundum quod consuevit fieri, cum solempnitate faciat induci. Actum apud Vetus Templum Lond' in aula, presentibus domino Bathoniensi, H. de Tribus Portibus, dicto Archidiacono Huntingdonie, Magistro Hugone de Lond', Magistro Roberto, socio dicti Archidiaconi, Johanne de Tantone capellano,[1] Radulfo de Wareville canonic[is] Linc[olniensibus], Willelmo de Winchecumbe, Johanne de Bannebiry, Magistro Ricardo de Windeleshor' et aliis.

[*Roger is instituted Prior of Huntingdon.*]

Vacante prioratu Huntingdune per resignationem Johannis quondam Prioris ejusdem, Rogerus Frasebii [?][2] per conventum electus in priorem, interveniente prius Elye de Amundeville tanquam patroni assensu, constante etiam per litteras Archidiaconi Huntingdonie electionem ipsam fuisse canonicam et ea demum per dominum confirmata, admissus est et in dicto prioratu secundum quod consuevit fieri Prior institutus. Et mandatum est dicto Archidiacono quod circa installationem ejus et alia quod suum est exequatur.

---

[1] "Capellani", MS.    [2] Or perhaps "Eusebii".

# Ⓥicarie ordinate in Ⓐrcℏidiaconatu ℒincolnie.

*( This roll bears the modern reference number 1.)*

## PARS I.

[Mem. 1.]

*[Adam, chaplain, presented by the Abbot and Convent of Thornton, is instituted vicar of Worlaby.   The vicarage is described.]*

WULFRIKEB'.—Adam, cappellanus, presentatus per Abbatem et conventum de Thorenton ad perpetuam vicariam ecclesie de Wulfrikeb', que consistit in toto altaragio excepta decima agnorum, cum tofto assignando, admissus est et in ea canonice perpetuus vicarius institutus ; et est vicaria quinque marcarum.   Vicarius tantummodo solvet annuatim sinodalia, et ipsi Abbas et conventus de Thorniton procurabunt hospitium Archidiaconi, et alia onera tam ordinaria quam extraordinaria in perpetuum sustinebunt.

*[Thomas de Gresseb', chaplain, presented by the same, is instituted vicar of Grasby. The vicarage is described.]*

GRESSEB'.—Thomas de Gresseb', capellanus, presentatus per eosdem ad perpetuam vicariam ecclesie de Gresseb', que consistit in toto altaragio excepta decima agnorum, cum tofto assignando, est admissus et in ea canonice perpetuus vicarius institutus ; et est vicaria quinque marcarum, et vicarius tantummodo annuatim solvet sinodalia, et ipsi Abbas et conventus de Thorenton' procurabunt hospitium Archidiaconi, et alia onera tam ordinaria quam extraordinaria in perpetuum sustinebunt.

*[Roger, chaplain, presented by the said Abbot and Convent, is instituted vicar of Barrow-on-Humber.]*

BAREWE.—Rogerus, capellanus, presentatus per dictos Abbatem et conventum de Thorenton' ad perpetuam vicariam ecclesie de Barewe, est admissus, sed nondum plene ordinata est vicaria, pro xx marcis quas Abbas de Alba Marlia annuatim percipiet de eadem superius ut in institutionibus anni xix.

*[Hugh de Haburg, chaplain, presented by the Abbot and Convent of Thornton, is instituted vicar of Thornton Curtis.   The vicarage is described.]*

THORRENT'.—Hugo de Haburg', capellanus, presentatus per dictos Abbatem et conventum de Thorrenton ad perpetuam vicariam dicte ecclesie de Thorrenton' est admissus, etc. ; que consistit in omnibus oblationibus altaris et in decima lini et canabi, cum tofto assignando. Habebit etiam vicarius secundum legatum, et est tunc v marcarum, et ipse vicarius tantummodo solvet sinodalia, et Abbas et conventus procurabunt hospitium Archidiaconi, etc., ut supra.

[*Alan, chaplain, presented by the said Abbot and Convent of Thornton and by the Prior and Convent of Warter, Yorks, is instituted vicar of Ulceby. The vicarage is described.*]

HULSEB'.—Alanus, capellanus, presentatus per dictos Abbatem et conventum de Thorenton', et per Priorem et conventum de Wartre, ad perpetuam vicariam ecclesie de Hulseb', que consistit in toto altaragio cum tofto, excepta decima lane, est admissus ; et vicarius solvet annuatim tantummodo sinodalia, et predicti Abbas et conventus de Thorenton' et Prior et conventus de Wartre procurabunt hospitium Archidiaconi, et alia onera tam ordinaria quam extraordinaria sustinebunt. Et est vicaria v marcarum.

———

[*Geoffrey, chaplain, presented by the Abbot and Convent of Thorney, Cambs., is instituted vicar of Deeping St. James. The vicarage is described.*]

DEPING' SANCTI JACOBI.—Galfridus, capellanus, presentatus per Abbatem et conventum de Thorneia ad perpetuam vicariam ecclesie de Deping Sancti Jacobi est admissus ; que vicaria sic ordinata est : vicarius habebit nomine vicarie sibi et diacono suo victum sicut duobus monachis morantibus in prioratu ejusdem loci, et habebit forragium et prebendam rationabilem ad unum palefridum, et habebit oblationes ad quinque festa anni ; scilicet ad festum Omnium Sanctorum j*d*., ad Natale iij*d*., ad Pasca ij*d*., ad Pentecosten j*d*., ad festum ecclesie j*d*., pro corpore presenti j*d*., pro sponsalibus j*d*. Similiter habebit secundum legatum ; preterea ipse vicarius habebit duas marcas annuatim ad se vestiendum. Et Abbas et conventus providebunt unum toftum extra prioratum, et procurabunt hospitium Archidiaconi, et alia onera tam ordinaria quam extraordinaria sustinebunt.

———

[*Owersby belongs to the Prior of Royston, Herts ; Robert the chaplain acts as vicar, though no vicarage has been ordained.*]

OWRESBY QUE EST PRIORIS DE CRUCE ROES.—Nondum est ordinata per Episcopum ; Robertus vero capellanus ministravit ut vicarius per multum tempus in eadem.

[*Reginald, chaplain, presented by the Prior and Convent of Elsham, is instituted vicar of Elsham. The vicarage is described.*]

HELLESHAM.—Reginaldus, capellanus, presentatus per Priorem et conventum de Hellesham ad perpetuam vicariam ecclesie de Hellesham, est admissus; que vicaria sic ordinata est: vicarius habebit nomine vicarie corredium duorum canonicorum [*above* "canonicorum" *is written* "monachorum"] sibi et diacono suo ad mensam Prioris, et habebit duas marcas annuas ad vestitum suum. Habebit etiam secundum legatum et oblationes constitutas ut continetur in ordinatione vicarie de Depping Sancti Jacobi. Palefridus autem vicarii erit ad forragium dictorum Prioris et conventus et ad prebendam eorundem quando ad capitulum vel in eorundem Prioris et conventus negotia proficiscitur. Et ipsi Prior et conventus providebunt vicario de tofto, et procurabunt hospitium Archidiaconi, et alia onera tam ordinaria quam extraordinaria sustinebunt.

[*Robert, chaplain, presented by the said Prior and Convent of Elsham, is instituted vicar of Kirkby St. Andrew.*]

KIRKEB' QUE EST EORUNDEM.—Robertus, capellanus, presentatus per dictos Priorem et conventum de Hellesham ad perpetuam vicariam ecclesie de Kirkeb', est admissus et in ea perpetuus vicarius institutus; que sic ordinata est: consistit in toto altaragio exceptis decimis lane et medietatis agnorum totius parochie, que ipsi Prior et conventus integre percipient in perpetuum. Vicarius autem inveniet capellanum qui ministrabit in capella de Osolfby, sub eadem conventione qua convenit inter dictos Priorem et conventum et parochianos de Osolfby; videlicet, quod parochiani predicti solvent singulis annis pro cantaria habenda in dicta capella de Osolfby sex summas pure siliginis et unam summam pure avene, infra xv dies post festum Sancti Michaelis, et invenient capellano ibidem ministranti competentem mansum ubi hospitari possit infra Osolfby. Idem etiam et parochiani affidaverunt quod hanc conventionem fideliter in perpetuum tenebunt, tali conditione, quod, si aliquo tempore a solutione dicti bladi cessaverint, extunc capellanum ibidem ministrantem non habebunt sed matricem ecclesiam Sancti Andree de Kirkeby in perpetuum sequentur, tam ad missarum sollempnia quam ad cetera jura ecclesiastica, prout continetur in cyrographo inter Priorem et conventum de Hellesham et dictos parochianos de Osolfby confecto. Vicarius habebit toftum quod fuit Aceri ex parte boreali ecclesie de Kirkeby, et solvet tantummodo synodalia, et ipsi Prior et conventus procurabunt hospitium Archidiaconi et cetera onera sustinebunt.

[*William, chaplain, presented by the Abbot and Convent of Humberston, is admitted vicar of Humberston. The vicarage is described.*]

HUMBERSTEIN.—Willelmus, capellanus, presentatus per Abbatem et conventum de Humberstein ad perpetuam vicariam ecclesie de Humberstein est admissus. Et habebit vicarius nomine vicarie omnia ut vicarius de Hellesham; et memorandum quod vicarius debet percipere duas marcas ad vestitum suum de oblationibus de quatuor principalibus festis anni; et Abbas et conventus providebunt vicario de tofto, et procurabunt hospitium Archidiaconi, et alia onera tam ordinaria quam extraordinaria sustinebunt.

[*Roger de Cukewalde, chaplain, presented by the same Abbot and Convent, is admitted vicar of Holton-le-Clay. The vicarage is described.*]

HOUTON QUE EST EORUNDEM.—Rogerus de Cukewalde, cappellanus, presentatus per dictos Abbatem et conventum de Humberstein ad perpetuam vicariam ecclesie de Houton', est admissus; que vicaria consistit in tofto assignando et in duobus quarteriis frumenti paccabilis percipiendis in festo Sancti Martini de predictis Abbate et conventu de Humbersteyn. Et vicarius tantum solvet sinodalia; et ipse Abbas et conventus procurabunt hospitium Archidiaconi et cetera onera in perpetuum sustinebunt. Et est tunc vicaria quinque marcarum.

[*Walter, chaplain, presented by the same, is admitted vicar of Waith. The vicarage is described.*]

WATHE QUE EST EORUNDEM.—Walterus, capellanus, presentatus per eosdem ad perpetuam vicariam ecclesie de Wathe, est admissus; que vicaria consistit in toto altaragio cum tofto assignando, et in decima garbarum totius culture que vocatur Crofft ex orientali parte ecclesie de Wathe, que cultura continet xxx acras; et in decima garbarum omnium toftorum totius ville, et in uno quarterio frumenti pacabilis percipiendo in festo Sancti Martini. Et vicarius solvet tantummodo sinodalia; et ipsi Abbas et conventus cetera onera in perpetuum sustinebunt. Et est vicaria lx solidorum.

ECCLESIE ABBATIS ET CONVENTUS DE GRIMESB'.

[*David, chaplain, presented by the Abbot and Convent of Grimsby, is admitted vicar of Great Grimsby. The vicarage is described.*]

GRIMESB' QUE EST EORUNDEM.—David, capellanus, presentatus per Abbatem et conventum ad perpetuam vicariam ecclesie de Sancti Jacobi Grimesb', est admissus; que vicaria consistit in apportu panis et cervisie, decimis vaccarum, vitulorum, agnorum, et lane et lini, secundum inquisitionem aucarum, pullorum, ovorum, et in tertia parte omnium oblationum, et in sex solidis annuatim percipiendis de cirragio ecclesie, immo in dimidia acra secundum R. Abbatem. Et vicarius habebit capellanum socium et inveniet diaconum, et solvet tantummodo sinodalia ; et ipsi Abbas et conventus de Grimesb' procurabunt hospitium Archidiaconi, et omnia alia onera tam ordinaria quam extraordinaria sustinebunt. Et est vicaria etiam x marcarum.

[*Gilbert, chaplain and dean, presented by the same Abbot and Convent, is admitted vicar of Clee. The vicarage is described.*]

CLE QUE EST EORUNDEM.—Gilebertus, capellanus et decanus, presentatus per eosdem Abbatem et conventum ad perpetuam vicariam ecclesie de Cle, est admissus ; que consistit in oblationibus Natalis, Purificationis Beate Marie, Pasche, Sancte Trinitatis, Dedicationis ecclesie, Assumptionis Beate Marie, Omnium Sanctorum et Beati Thome Martiris. Item in lino, caseo, butiro, et in decimis vaccarum, vitulo:um, pullorum, aucarum, gallinarum, ovorum, et in apportu altaris panis et cervisie ; et vicarius solvet tantummodo sinodalia ; et dicti Abbas et conventus procurabunt hospitium Archidiaconi et sustinebunt omnia alia onera tam ordinaria quam extraordinaria. Similiter providebunt vicario de tofto. Et est tunc vicaria quinque marcarum, preter panem et cervisiam.

[*William, chaplain, presented by the same Abbot and Convent, is admitted vicar of Tetney. The vicarage is described.*]

TETTEN' QUE EST EORUNDEM.—Willelmus, capellanus, presentatus per dictos Abbatem et conventum ad perpetuam vicariam ecclesie de Tetten', admissus est ; que vicaria consistit in toto altaragio excepta lana, et in apportu panis et cervisie ad altare provenientium, cum tofto competenti per eosdem Abbatem et conventum assignando vicario; et tunc valebit ipsa vicaria quinque marcas. Et vicarius solvet tantummodo sinodalia, et ipsi Abbas et conventus procurabunt hospitium Archidiaconi et omnia onera tam ordinaria [quam extraordinaria] sustinebunt.

[*Richard, chaplain, presented by the same, is admitted vicar of Riby. The vicarage is described.*]

RIB' QUE EST EORUNDEM.—Ricardus, capellanus, presentatus per eosdem ad perpetuam vicariam ecclesie de Rib', est admissus ; que vicaria consistit in toto altaragio, excepta decima totius lane, cum tofto per eosdem Abbatem et conventum assignando, et in apportu panis et cervisie ad altare provenientium ; et tunc est

vicaria quinque marcarum ; et vicarius solvet tantummodo sinodalia, et Abbas et conventus procurabunt hospitium Archidiaconi,
et omnia alia onera tam ordinaria quam extraordinaria sustinebunt.

---

### Monialium de Goukwell'.

*[Ralph, chaplain, presented by the Nuns of Gokewell, is admitted vicar of Upton.]*

UPTON'.—Radulfus, capellanus, presentatus per dictas moniales
ad vicariam admissus est.

---

### Ecclesie Monialium de Cotum.

*[John, chaplain, presented by the Master and Convent of Nuncotham (in the parish
of Brocklesby), is admitted vicar of Cuxwold. The vicarage is described.]*

CUKEWALD'.—Johannes, capellanus, presentatus per Magistrum
et conventum de Cotum ad perpetuam vicariam ecclesie de Cukewald, est admissus ; que consistit in toto altaragio, excepto lino ; et
ipsi Magister et conventus providebunt vicario de tofto, et procurabunt hospitium Archidiaconi et omnia alia onera sustinebunt tam
ordinaria quam extraordinaria preter sinodalia, que vicarius tantummodo solvet annuatim.

*[Ralph de Keleb', chaplain, presented by the same, is admitted vicar of Burgh-
on-Bain. The vicarage is described.]*

BURG' QUE EST EORUNDEM.—Radulfus de Keleb', capellanus,
presentatus per eosdem ad perpetuam vicariam ecclesie de Burg'
est admissus ; que consistit in toto altaragio excepta decima agnorum et lane. Et ipsi Magister et conventus providebunt vicario de
tofto, et procurabunt hospitium Archidiaconi, et omnia alia onera
tam ordinaria quam extraordinaria sustinebunt preter sinodalia,
que vicarius tantummodo solvet. Et est vicaria sexaginta solidorum.

*[A mediety of Croxton belongs to the same Convent.]*

CROXTON' est medietas dictorum Magistri et conventus.

*[A mediety of Keelby belongs to the same Convent.]*

KELEBY medietas est eorundem.

---

*[Randulph de Bikere, chaplain, presented by the Prior and Convent of Butley,
is instituted vicar of Bicker.]*

BIKERE.—Randulfus de Bikere, capellanus, presentatus per
Priorem et conventum de Buttele, ad perpetuam vicariam ecclesie

de Bikere, est admissus, et in ea canonice perpetuus vicarius institutus; que consistit in toto altaragio, reddendo inde annuatim duos solidos predictis Priori et conventui de Buttele. Et ipsi Prior et conventus providebunt vicario mansum competens et procurabunt hospitium Archidiaconi, et sustinebunt omnia alia onera tam ordinaria quam extraordinaria preter sinodalia, que vicarius tantummodo solvet annuatim. Et est vicaria centum solidorum.

[Mem. 2.] PARS II.

*[Walter, chaplain, presented by the Prioress and Convent of Appleton, is instituted vicar of Immingham. The vicarage is described.]*

YMINGEHAM QUE EST MONIALIUM DE APPELTON'.—Walterus, capellanus, presentatus per Priorissam et conventum de Appelton' ad perpetuam vicariam ecclesie de Yymingeham est admissus, et in ea canonice perpetuus vicarius institutus; que consistit in toto altaragio, salvis tribus partibus decime lane ipsis monialibus de Appelton'. Vicarius autem habebit toftum que vocatur "parsones toft" et solvet tantummodo sinodalia. Et ipse moniales procurabunt hospitium Archidiaconi, et sustinebunt cetera onera tam ordinaria quam extraordinaria.

*[Robert, chaplain, presented by the Prioress and Convent of Appleton, is instituted vicar of North Elkington. The vicarage is described.]*

NORTHELKINTON' QUE EST EARUNDEM MONIALIUM.—Robertus, capellanus, presentatus per Priorissam et conventum de Appelton' ad perpetuam vicariam ecclesie de Northelkinton' est admissus, et in ea canonice perpetuus vicarius institutus; que consistit in toto altaragio et in quarta garba decime totius ville cum decime collecte fuerint. Et Priorissa et conventus procurabunt hospitium Archidiaconi, et omnia alia onera sustinebunt preter sinodalia, que vicarius tantummodo solvet annuatim.

*[Robert, chaplain, presented by the Prior and Convent of St. Fromund, is instituted vicar of Bonby. The vicarage is described.]*

BONDEBY.—Robertus, capellanus, presentatus per Priorem et conventum de Sancto Fromundo ad perpetuam vicariam ecclesie de Bondeb' est admissus, et in ea canonice perpetuus vicarius institutus; que consistit in toto altaragio, cum decimis croftorum et toftorum totius ejusdem ville, et valet tunc vicaria v marcas. Et ipse Prior et conventus procurabunt hospitium Archidiaconi, et omnia alia onera sustinebunt preter sinodalia, que vicarius tantummodo solvet annuatim.

### ECCLESIE MAGISTRI ET CONVENTUS DE STIKESWAUT.

[*Randulf de Hameringeham, chaplain, presented by the Master and Convent of Stixwould, is instituted vicar of Stixwould. The vicarage is described.*]

STIKESWALD'.—Randulfus de Hameringeham, capellanus, presentatus per Magistrum et conventum de Stikeswald' ad perpetuam vicariam de Stikeswald' est admissus, et in ea perpetuus vicarius canonice institutus ; que sic ordinata est : vicarius erit ad mensam Magistri ut vicarius secularis, et habebit annuatim de dictis Magistro et conventu xx solidos ad vestitum suum. Et ipsi Magister et conventus procurabunt hospitium Archidiaconi, et solvent sinodalia, et cetera onera tam ordinaria quam extraordinaria sustinebunt.

[*William de Hundelb', deacon, presented by the Master and Convent of Stixwould, has charge of Hundleby. The vicarage is described.*]

HUNDELB' QUE EST EORUNDEM.—Willelmus de Hundelb', diaconus, presentatus ad perpetuam vicariam ecclesie de Hundelby, per Magistrum et conventum de Stickeswald, habet custodiam ; que consistit in toto altaragio, cum tofto quod Radulfus de Wima tenuit, et in decimis garbarum Hameletti de Spillesby cum quinque sellionibus terre ad dictam ecclesiam pertinentibus. Et vicarius solvet tantummodo sinodalia; et ipsi Magister et conventus procurabunt hospitium Archidiaconi, et omnia alia onera sustinebunt. Et est vicaria quinque marcarum.

[*Randulf de Wainflet, chaplain, presented by the said Master and Convent of Stixwould, is instituted vicar of Honington. The vicarage is described.*]

HUNDINTON' QUE EST EORUNDEM.—Randulfus de Wainflet, capellanus, presentatus per predictos Magistrum et conventum de Stikeswald' ad perpetuam vicariam ecclesie de Hundinton' est admissus, et in ea canonice vicarius perpetuus institutus ; que consistit in toto altaragio et in decimis ortorum quocunque genere bladi dicti orti sint seminati, et in decimis trium bovatarum terre quas Willelmus filius Hawardi, Siwardus filius Ricardi, et Johannes filius Ricardi tenent in eadem villa. Habebit etiam dictus vicarius toftum quod fuit Willelmi filii Supplicii ; et ipse vicarius solvet tantummodo sinodalia. Et ipsi Magister et conventus de Stikeswald' procurabunt hospitium Archidiaconi, et omnia alia onera tam ordinaria quam extraordinaria sustinebunt. Et est tunc vicaria quinque marcarum.

[*Hugh, chaplain, presented by the same, is instituted vicar of Lavington, alias Lenton. The vicarage is described.*]

LAVINTON' QUE EST EORUNDEM.—Hugo, capellanus, presentatus per eosdem ad perpetuam vicariam ecclesie de Lavinton' est admissus, et in ea canonice vicarius perpetuus institutus; que consistit in toto altaragio tam ecclesie quam capellarum ad eandem ecclesiam pertinentium, et in decimis garbarum totius proprii dominici Radulfi Ridel, in Kiseby. Et vicarius habebit capellanum socium, et solvet tantummodo sinodalia; et ipsi Magister et conventus procurabunt hospitium Archidiaconi, et providebunt vicario de tofto, et omnia alia onera sustinebunt. Et est tunc vicaria x marcarum.

⌞*Hugh, chaplain, presented by the same, is instituted vicar of Bassingthorpe. The vicarage is described.*⌟

THORP' QUE EST EORUNDEM.—Hugo, capellanus, presentatus per eosdem ad perpetuam vicariam ecclesie de Thorp', est admissus et in ea canonice vicarius perpetuus institutus; que consistit in toto altaragio, et in decimis garbarum totius dominici Roberti Basewin in eadem villa, preter illas terras quas predicti Magister et conventus habent de dicto dominico tempore hujus assignationis, et in decimis garbarum duarum bovatarum terre et dimidie Alani Kibel in eadem villa de Thorp'. Et vicarius solvet tantummodo sinodalia; et ipsi Magister et conventus providebunt vicario de tofto, et procurabunt hospitium Archidiaconi, et omnia alia onera sustinebunt. Et est vicaria tunc quinque marcarum.

---

[*Robert, presented by the Prior and Convent of Drax, Yorks., is instituted vicar of Swinstead. The vicarage is described.*]

SWINHAMSTED.—Magister Robertus, presentatus per Priorem et conventum de Drax ad perpetuam vicariam ecclesie de Swinhamsted, est admissus, et in ea canonice vicarius perpetuus institutus; que consistit in medietate totius ecclesie cum tofto quod idem Robertus tenet; et predicti Prior et conventus ac vicarius procurabunt conjunctim hospitium Archidiaconi et communiter solvent sinodalia, et alia onera conjunctim sustinebunt. Et est vicaria sex marcarum et dimidie.

[*On the dorse :—*]

Ordinatio vicarie de Swinhemstede ultimo facta vice domini Episcopi per R., Archidiaconum Lincolnie, de assensu Prioris et conventus de Drax et Roberti de Ridal' tunc vicarii. Vicaria de Swinhamstede consistit in toto altaragio illius ecclesie, et tota terra pertinente ad ecclesiam cum ejusdem terre pertinentiis, et in medietate tofti ecclesie, et in redditu duorum solidorum, et in decima decime omnium garbarum. Canonici prefati percipient totum residuum ecclesie nomine perpetui beneficii, et procurabunt hospitium Archidiaconi ; vicarius respondebit de synodalibus. Valet autem tota ecclesia xv marcas, vicaria c solidos.

———

[*Hilary, chaplain, presented by the Master and Convent of St. Michael, Stamford, and by Hugh, the parson of the ninth portion, is instituted vicar of six portions in the church of Corby. They are described.*]

CORBY.—Yllarius, capellanus, presentatus per Magistrum et conventum Sancti Michaelis Stanford', et per Hugonem, personam none partis ejusdem ecclesie, ad perpetuam vicariam sex partium in eadem ecclesia de Corby, est admissus, et in ea vicaria sex partium ecclesie canonice vicarius perpetuus institutus ; que, sic ordinata, consistit in toto altaragio sex partium cum tofto quod est in cimiterio versus aquilonem, et vicarius, secundum portionem suam, solvet tantummodo sinodalia ; et moniales predicte, una cum participibus suis in eadem ecclesia, procurabunt hospitium Archidiaconi et omnia alia onera sustinebunt.

[*Reiner, chaplain, presented by the same Nuns, has charge of St. Andrew's, Stamford. The vicarage is described.*]

ECCLESIA SANCTI ANDREE STANFORD', QUE EST EARUNDEM MONIALIUM SANCTI MICHAELIS.—Reinerus, capellanus, presentatus per dictas moniales Stanford ad perpetuam vicariam dicte ecclesie Sancti Andree, habet custodiam ; que consistit in toto altaragio, reddendo inde annuatim dictis monialibus sex marcas, et vicarius tantummodo solvet sinodalia. Et ipse moniales procurabunt hospitium Archidiaconi et cetera onera sustinebunt. Et est vicaria iiij marcarum.

[*Thurb', chaplain, presented by the same Nuns, has charge of All Saints, Stamford. The vicarage is described.*]

ECCLESIA OMNIUM SANCTORUM ULTRA AQUAM, QUE EST EARUNDEM.—Thurb', capellanus, presentatus per easdem moniales ad perpetuam vicariam dicte ecclesie Omnium Sanctorum, habet custodiam ; que consistit in altaragio, reddendo inde annuatim dictis monialibus duas marcas argenti ; et vicarius tantummodo solvet sinodalia, et ipse moniales procurabunt hospitium Archidiaconi et omnia alia onera sustinebunt. Et est vicaria iij marcarum et dimidie.

[*Hugh de Stanford, chaplain, presented by the said Nuns, is instituted vicar of St. Martin's, Stamford. The vicarage is described.*]

ECCLESIA SANCTI MARTINI QUE EST EARUNDEM.—Hugo de

Stanford, capellanus, presentatus per dictas moniales ad perpetuam vicariam dicte ecclesie Sancti Martini est admissus et in ea canonice vicarius perpetuus institutus ; que consistit in toto altaragio dicte ecclesie, reddendo inde annuatim dictis monialibus duas marcas, ita tamen quod si capella de Burghele in eadem parochia sita divinum officium habere debeat, dicte moniales onus illius capelle sustine-bunt. Vicarius autem solvet tantummodo sinodalia, et dicte moniales procurabunt hospitium Archidiaconi, et cetera onera sustinebunt.

[*Thurlby, belonging to the same, was long since ordained.*]

THURLBY, QUE EST EARUNDEM, jamdudum ordinata est.

---

[*William, chaplain, presented by the Abbot and Convent of Waltham, Essex, is instituted vicar of Wrangle. The vicarage is described.*]

WRANGLE.—Willelmus, capellanus, presentatus per Abbatem et conventum de Waltham' ad perpetuam vicariam ecclesie de Wrangle est admissus, et in ea canonice perpetuus vicarius institu-tus ; que consistit in toto altaragio cum quodam tofto assignato vicario in Kirkecroft, reddendo inde annuatim dictis Abbati et conventui centum solidos; scilicet, ad festum Sancti Potolfi 1 sol., et ad festum Sancti Martini 1 sol. ; et vicarius solvet tantummodo sinodalia, et ipsi Abbas et conventus procurabunt hospitium Archi-diaconi, et omnia alia onera sustinebunt. Et est vicaria x marcarum.

[*The vicarage of Markby is described. No one has yet been presented.*]

MARKEBY.—Vicaria ejusdem ecclesie de Markeby sic ordinata est : Vicarius erit ad mensam Prioris et conventus ut vicarius secularis, et percipiet annuatim de dictis Priore et conventu unam marcam ad vestitum suum; et ipsi Prior et conventus invenient clericum, et solvent sinodalia et hospitium Archidiaconi procurabunt, et cetera onera sustinebunt. Nullus adhuc est presentatus.

[*Henry de Winthorp, chaplain, presented by the aforesaid Prior and Convent, is instituted vicar of Huttoft. The vicarage is described.*]

OTOFT QUE EST EORUNDEM.—Henricus de Winthorp, capel-lanus, presentatus per predictos Priorem et conventum ad perpetuam vicariam dicte ecclesie de Otoft, est admissus et in ea canonice vicarius perpetuus institutus ; que consistit in omnibus oblationibus altaris, in ciragio, decimis lini et canabi, vitulorum et pullorum, et est tunc vicaria sex marcarum; et vicarius solvet tantummodo sinodalia, et ipsi Prior et conventus procurabunt hospitium Archidiaconi, et omnia alia onera sustinebunt.

[*Eudo, chaplain, presented by the said Prior and Convent, is instituted vicar of Holy Trinity, Bilsby. The vicarage is described.*]

BILLESBY SANCTE TRINITATIS QUE EST EORUNDEM.—Eudo, capellanus, presentatus per dictos Priorem et conventum ad perpetuam vicariam dicte ecclesie Sancte Trinitatis est admissus; que consistit in toto altaragio, cum tofto quod pertinet ad ecclesiam, et quod fuit prius capellani ibidem ministrantis; et vicarius percipiet de dictis Priore et conventu annuatim, in festo Sancti Martini, unam summam frumenti competentis, et unam summam fabarum, et unam summam avene; et vicarius solvet tantummodo sinodalia, et ipsi Prior et conventus procurabunt hospitium Archidiaconi, et cetera onera sustinebunt. Et est vicaria iiij marcarum.

---

## PARS III.

[Mem. 3.]

### ECCLESIE MAGISTRI ET CONVENTUS DE STEINFELD.

[*The vicarage of Stainfield is described. No presentation has been made.*]

STEINFELD.—Vicarius erit ad mensam Magistri ut vicarius secularis, et clericus ejus similiter; et ipse vicarius percipiet annuatim de dictis Magistro et conventu xx solidos ad vestitum suum; et ipsi Magister et conventus procurabunt hospitium Archidiaconi, et cetera onera tam ordinaria quam extraordinaria sustinebunt. Dicti Magister et conventus nondum presentaverunt.

[*Walter de Marton, chaplain, presented by the Master and Convent of Stainfield, has charge of Martin by Horncastle. The vicarage is described.*]

MARTON QUE EST EORUNDEM.—Walterus de Marton, capellanus, presentatus per Magistrum et conventum de Stainfeld ad perpetuam vicariam ecclesie de Marton, habet custodiam; que consistit in toto altaragio, et in redditu dimidie marce assiso quem redditum Hugo de Hospitali reddit annuatim, et in decimis garbarum octo bovatarum terre in eadem villa, quas bovatas terre isti subscripti tenent: Hugo de Hospitali tenet duas bovatas et dimidiam; Thomas de Wielho dimidiam bovatam; Viel, filius Rogeri, unam bovatam; Thomas, filius Aluredi, et Beatrix soror ejus, duas bovatas; Galfridus, filius Osberti, unam bovatam; Rogerus Palmer dimidiam bovatam; Walterus Carpentarius dimidiam bovatam. Habebit autem vicarius toftum proximum dicte ecclesie versus aquilonem quod Osbertus Cok tenet, et ipse vicarius solvet annuatim tantummodo synodalia, et ipsi Magister et conventus procurabunt hospitium Archidiaconi, et cetera onera sustinebunt. Et est vicaria iiij marcarum et dimidie.

[*Geoffrey de Hatton, chaplain, presented by the aforesaid Master and Convent, has charge of Apley. The vicarage is described.*]

APPELE QUE EST EARUNDEM.—Galfridus de Hatton, capellanus, presentatus per predictos Magistrum et conventum ad perpetuam vicariam ecclesie de Appele, habet custodiam ; que consistit in toto altaragio, et in decimis octo bovatarum terre que nondum sunt assignate. Et, ipsis octo bovatis assignatis, erit vicaria iiij marcarum.

[*Hugh, chaplain, presented by the said Master and Convent of Stainfield, is admitted vicar of Maidenwell. The vicarage is described.*]

MEIDEWELL QUE EST EARUNDEM.—Hugo, capellanus, presentatus per dictos Magistrum et conventum de Steinfeld ad perpetuam vicariam ecclesie de Meidewelle est admissus ; que consistit in toto altaragio cum tofto assignando ; et vicarius tantummodo solvet sinodalia, et ipsi Magister et conventus procurabunt hospitium Archidiaconi, et omnia alia onera sustinebunt. Et est vicaria tunc quinque marcarum.

[*Walter de Thorent', chaplain, presented by the said Master and Convent of Stainsfield, is admitted vicar of Waddingworth. The vicarage is described.*]

WAENGWRTH'.—Walterus de Thorent', capellanus, presentatus per dictos Magistrum et conventum de Steinfeld ad perpetuam vicariam est admissus, etc. ; que consistit in toto altaragio cum terra et domibus ad dictam ecclesiam pertinentibus ; et vicarius solvet tantummodo sinodalia, et ipsi Magister et conventus procurabunt hospitium Archidiaconi. Ista vicaria est quatuor marcarum.

---

ECCLESIE PRIORIS ET CONVENTUS DE FREISTONE
(*Freiston, a cell of Croyland*).

[*William, chaplain, presented by the Prior and Convent, is instituted vicar of Freiston. The vicarage is described.*]

FRESTON.—Willelmus, capellanus, presentatus per Priorem et conventum de Frestone ad perpetuam vicariam dicte ecclesie de Freston, est admissus, et in ea canonice vicarius perpetuus institutus ; que sic ordinata est : vicarius erit ad mensam eorum una cum clerico ejus, ut vicarius secularis ; et ipse vicarius habebit annuatim duas marcas ad vestitum suum, et habebit oblationes ad quinque festa anni, scilicet, ad festum Omnium Sanctorum j*d*., ad Natale Domini iij*d*., ad Pascha ij*d*., ad Pentecosten j*d*., ad festum ecclesie j*d*., pro corpore presenti j*d*., pro sponsalibus j*d*.; habebit etiam dictus vicarius secundum legatum, et etiam habebit palefridum suum ad forragium dictorum Prioris et conventus et ad prebendam eorundem rationabilem; et ipsi Prior et conventus solvent sinodalia et hospitium Archidiaconi procurabunt, et cetera onera sustinebunt.

[*Gilbert, chaplain, presented by the same Prior and Convent, is instituted vicar of Butterwick. The vicarage is described.*]

BUTTWIC QUE EST EORUNDEM. — Gilbertus, capellanus, presentatus per eosdem Priorem et conventum ad perpetuam vicariam ecclesie de Buttwic, est admissus, et in ea canonice vicarius perpetuus institutus; que consistit in toto altaragio cum tofto pertinenti ad ecclesiam, et in redditu quadraginta denariorum antiquitus collato ad luminare repperiendum in dicta ecclesia; et vicarius solvet tantummodo sinodalia, et Prior et conventus procurabunt hospitium Archidiaconi, et omnia alia onera sustinebunt. Et est vicaria iiij marcarum et xl*d*. et eo amplius.

[*John, chaplain, presented by the same Prior and Convent, is instituted vicar of Claxby by Willoughby. The vicarage is described.*]

CLAXEBY QUE EST EORUNDEM.—Johannes, capellanus, presentatus per eosdem Priorem et conventum ad perpetuam vicariam ecclesie de Claxebi, est admissus, et in ea canonice vicarius perpetuus institutus; que consistit in toto altaragio, cum tofto et terra pertinentibus ad ecclesiam versus aquilonem, et in decimis garbarum dominii Ysabelle, uxoris Baldrici de Grendale, vel in decimis dicti dominici quicunque dictum dominicum tenuerit vel possederit. Ista vicaria est quinque marcarum.

[*The vicarage of Burton Pedwardine, held by Peter de Mintinges, is described.*]

BURTON QUE EST EORUNDEM.—Vicaria consistit in toto altaragio cum tofto quod fuit Thoraldi Parmentarii versus orientalem partem ecclesie, cum iiij acris terre arabilis pertinentibus ad ecclesiam, et in decimis garbarum totius dominii Prioris et conventus de Freston in eadem villa; et vicarius tantummodo solvet annuatim synodalia, et ipsi Prior et conventus procurabunt hospitium Archidiaconi, et omnia alia onera in perpetuum sustinebunt. Petrus de Mintinges per multum tempus fuit in possessione tanquam vicarius. Et est vicaria v marcarum.

Ecclesie Magistri et monialium de Lekeburn'.

*[A mediety of Legbourne belongs to the above.]*
Lekeburn.—Medietas est earundem.

*[William de Saltfletby, presented by the same, is admitted to the vicarage of a mediety of the church of Saltfleetby St. Peter.]*
Saldfladeb' Sancti Petri.—Medietas est earundem. Willelmus de Saltfletby, presentatus per easdem ad ipsius medietatis vicariam, admissus est. Nescimus de ordinatione.

*[Robert de Cuningsolm, chaplain, presented by the same, is instituted to the vicarage of a mediety of Hallington. The vicarage is described.]*
Hallinton.—Medietas est earundem, et altera medietas est de advocatione earundem; et consistit vicaria in toto altaragio cum tofto assignando; ad quam vicariam Robertus de Cuningsolm, capellanus, est admissus, et in ea canonice vicarius perpetuus institutus, reddendo inde annuatim tantummodo synodalia. Et Magister et conventus de Lekeburn procurabunt hospitium Archidiaconi, et cetera onera in perpetuum sustinebunt. Et vicaria est iiij marcarum.

*[William, presented by the aforesaid Master and Convent of Legbourne, is instituted vicar of Farlsthorpe. The vicarage is described.]*
Farlestorpe.—Willelmus de Wil .. ne [?], presentatus per dictos Magistrum et conventum de Lekeburn ad perpetuam vicariam de Farlestorp, est admissus, et in ea canonice vicarius perpetuus institutus; que consistit in toto altaragio cum tota terra et prato pertinentibus ad ecclesiam, et cum medietate decime feni dominii Willelmi de Farlestorp in Farlestorp et in Otoft, cum tofto et manso pertinentibus ad dictam ecclesiam de Farlestorp, excepta grangia, cum libero introitu et exitu; que grangia in perpetuum remanebit dictis Magistro et conventui de Lekeburn ad bladum suum reponendum; et vicarius tantummodo solvet sinodalia. Et ipsi Magister et conventus procurabunt hospitium Archidiaconi, et cetera onera in perpetuum sustinebunt. Et est vicaria iiij marcarum.

*[Stephen, chaplain, presented by the said Master and Convent of Legbourne, is instituted vicar of South Somercotes. The vicarage is described.]*
Sumercotes Sancte Marie.—Stephanus, capellanus, presentatus per dictos Magistrum et conventum de Lekeburn ad perpetuam vicariam dicte ecclesie de Sumercotes, est admissus, et in ea canonice perpetuus vicarius institutus; que consistit in toto

altaragio cum tofto assignando, salvis dictis Magistro et conventui butiro et caseo; et vicarius tantummodo solvet synodalia; et ipsi Magister et conventus procurabunt hospitium Archidiaconi, et cetera onera sustinebunt. Et est vicaria v marcarum.

----

[*Reston, belonging to the Prior of Torksey, is not yet ordained.*]

RISTON, que est Prioris de Thorkes, nondum est ordinata.

----

[*A mediety of Skidbrook belongs to the Abbot of Torr, Devon.*]

RICHEBROC.—Medietas est Abbatis de Thorre.

----

[*Burwell is not yet ordained.*]

BURREWELLE.—Nondum est ordinata.

----

## ECCLESIE PRIORIS ET CONVENTUS DE KIMA.
### [*South Kyme, Linc.*]

[*The vicarage of Calceby is described. Laurence de Wainflet, chaplain, is in charge.*]

CALESBY VICARIA.—Consistit in toto altaragio cum medietate tofti ad ecclesiam pertinentis, et in decimis molendini ex occidentali parte curie domini Philippi de Kima, et in quinque acris prati spectantibus ad eandem ecclesiam in pratis de Otoft, et in duabus partibus decimarum bladi de dominio dicti Philippi de Kima; et vicarius solvet tantummodo synodalia, et ipsi Prior et conventus procurabunt hospitium Archidiaconi, et cetera onera sustinebunt. Laurentius de Wainflet, capellanus, ad eandem presentatus, habet custodiam. Et est vicaria v marcarum.

[*Walter, chaplain, presented by the said Prior and Convent, is instituted vicar of Croft. The vicarage is described.*]

CROFT.—Walterus, capellanus, presentatus per dictos Priorem et conventum ad perpetuam vicariam dicte ecclesie de Croflt, est admissus, et in eadem canonice vicarius perpetuus institutus; que consistit in toto altaragio cum tofto versus occidentalem partem ecclesie, salvis dictis Priori et conventui butiro et caseo; et vicarius solvet tantummodo sinodalia, et ipsi Prior et conventus procurabunt hospitium Archidiaconi et cetera onera sustinebunt. Et est vicaria vj marcarum.

[*Walter de Thorp, chaplain, presented by the said Prior and Convent, is instituted vicar of Thorp St. Peter. The vicarage is described.*]

THORP QUE EST EORUNDEM.—Walterus de Thorp, capellanus, ad presentationem dictorum Prioris et conventus ad perpetuam vicariam ecclesie de Thorp est admissus, et in ea canonice perpetuus vicarius institutus; que consistit in toto altaragio cum tofto assignando, salvis Priori et conventui medietate butiri et casei; et vicarius solvet tantummodo sinodalia, et ipsi Prior et conventus procurabunt hospitium Archidiaconi, et omnia alia onera sustinebunt. Et est vicaria v marcarum.

[*William, chaplain, presented by the said Prior and Convent, is instituted vicar of Swarby. The vicarage is described.*]

SWAREBY QUE EST EORUNDEM.—Willelmus, capellanus, ad presentationem dictorum Prioris et conventus ad perpetuam vicariam ejusdem ecclesie de Swareby est admissus, et in ea canonice vicarius perpetuus institutus; que consistit in toto altaragio cum tofto assignando, et in decimis garbarum de terris quas Radulfus de Stikewald in eadem parochia excolit de dominio ipsius Radulfi, que decime apprecientur ij marcis; et vicarius solvet tantummodo sinodalia, et ipsi Prior et conventus procurabunt hospitium Archidiaconi et omnia alia onera sustinebunt. Et est vicaria fere v marcarum.

[*Maurice, chaplain, presented by the said Prior and Convent, is instituted vicar of Metheringham. The vicarage is described.*]

METHERINGHAM QUE EST EORUNDEM.—Mauricius, capellanus, presentatus per dictos Priorem et conventum ad perpetuam vicariam ecclesie de Metheringham, est admissus, et in ea canonice vicarius perpetuus institutus; que consistit in toto altaragio cum tofto assignando; et vicarius solvet tantummodo sinodalia, et ipsi Priori et conventus procurabunt hospitium Archidiaconi et omnia alia onera sustinebunt. Et est vicaria sex marcarum.

## PARS IV.

[Mem. 4.]

[*David, chaplain, presented by the same, is instituted vicar of Osbournby. The vicarage is described.*]

OSBERNEBY QUE EST EORUNDEM.—David, capellanus, presentatus per eosdem ad perpetuam vicariam ecclesie de Osberneby, est admissus, et in ea canonice vicarius perpetuus institutus; que consistit in toto altaragio cum terra et domibus ad dictam ecclesiam pertinentibus; et vicarius solvet tantummodo sinodalia, et ipsi

Prior et conventus procurabunt hospitium Archidiaconi, et cetera onera tam ordinaria quam extraordinaria sustinebunt. Et est vicaria v marcarum.

———

## ECCLESIE PRIORIS ET CONVENTUS DE THORNHOLM.

[*Geoffrey de Ferrib', chaplain, presented by the said Prior and Convent, is instituted vicar of Orby. The vicarage is described.*]

ORRESBY.—Galfridus de Ferrib', capellanus, ad presentationem dictorum Prioris et conventus ad perpetuam vicariam ecclesie de Orresby est admissus, et in ea vicarius perpetuus institutus; que consistit in toto altaragio cum medietate tofti et terra pertinentibus ad eandem ecclesiam; et vicarius solvet tantummodo sinodalia, et ipsi Prior et conventus procurabunt hospitium Archidiaconi, et cetera onera sustinebunt. Et est vicaria v marcarum.

[*A mediety of Ferriby belongs to the same.*]

FERIBY.—Medietas est eorundem.

[*Cadney, belonging to the same, is of ancient ordination.*]

CADDEN' que est eorundem, antiquitus est ordinata, et consistit ut in rotulo institutionum anni xx.

———

[*Robert, chaplain, of Lincoln, presented by the Master and Convent of Greenfield, is instituted vicar of Haugh. The vicarage is described.*]

HAGH QUE EST MAGISTRI ET CONVENTUS DE GREINFELD.— Robertus, capellanus, de Lincolnia, presentatus per dictos Magistrum et conventum ad perpetuam vicariam ecclesie de Hagh, est admissus, et in ea vicarius perpetuus institutus; que consistit in toto altaragio et in decima bladi totius terre ecclesie; et preterea vicarius recipiet annuatim per manus dictorum Magistri et conventus in festo Sancti Martini, unum quarterium frumenti pacabilis, unum quarterium ordei pacabilis, unum quarterium avene pacabilis. Et est tunc vicaria iv marcarum. Et dicti Magister et conventus procurabunt hospitium Archidiaconi, et sustinebunt cetera onera tam ordinaria quam extraordinaria. Dicti Magister et conventus providebunt vicario de tofto.

[*Aby belongs to the same; it was ordained long since.*]

ABY QUE EST EORUNDEM.—Jamdudum est ordinata.

PRIORIS ET CONVENTUS DE SPAULDINGES.

[*Peter de Pinzebek, chaplain, is admitted vicar of Aukborough.*]

HAULTEBARGE.—Petrus de Pinzebek, capellanus, presentatus ad vicariam, admissus est.

[*A mediety of Willoughton belongs to the same. William, son of Prior 's admitted vicar.*]

WILEGHETON.—Medietas est eorundem. Willelmus, filius Prioris, clericus, presentatus ad vicariam admissus est.

---

[*Norm' de Wiveles, chaplain, presented by the Prior of Hough, is instituted vicar of Hough. The vicarage is described.*]

HAGH QUE EST PRIORIS DE HAGH.—Norm' de Wiveles', capellanus, presentatus per Priorem de Hagh ad perpetuam vicariam dicte ecclesie de Hagh est admissus, et in ea canonice vicarius perpetuus institutus; que consistit in toto altaragio exceptis decimis agnorum, lane, primo legato, et excepto redditu sex solidorum de una bovata terre, et uno prato pertinente ad altaragium ; et est tunc vicaria vij marcarum. Et Prior procurabit hospitium Archidiaconi, et cetera onera tam ordinaria quam extraordinaria sustinebit; et providebit de tofto.

---

[*Hugh, chaplain, presented by the Master of the Knights-Templars, is instituted vicar of Swinderby. The vicarage is described.*]

SWINDERBY QUE EST TEMPLARIORUM.—Hugo, capellanus, presentatus per Magistrum Militie Templi ad perpetuam vicariam ecclesie de Swinderby, est admissus, et in ea canonice perpetuus vicarius institutus; que consistit in toto altaragio, et in quodam tofto ubi persona antiquitus manere solebat, et in decimis garbarum unius bovate terre et dimidie, quas Wiot et Galfridus, filii Hugonis Palmerii, tenent in eadem villa ; et Templarii procurabunt hospitium Archidiaconi, et omnia alia onera tam ordinaria quam extraordinaria sustinebunt, preter sinodalia que vicarius tantummodo solvet annuatim. Et est vicaria lx solidorum.

[*William de Thorp, chaplain, presented by the Templars, is instituted vicar of Eagle. The vicarage is described.*]

AICLE QUE EST EORUNDEM.—Willelmus de Thorp, capellanus, presentatus per dictum Magistrum et fratres Militie Templi ad perpetuam vicariam dicte ecclesie de Aicle, est admissus, et in ea canonice vicarius perpetuus institutus ; que consistit in toto altaragio, et in quodam tofto ad eandem ecclesiam pertinente ; et Templarii procurabunt hospitium Archidiaconi, et omnia alia onera sustinebunt preter sinodalia, que vicarius tantummodo solvet annuatim. Et est vicaria v marcarum.

[*William de Oustorp, chaplain, presented by the Templars, is instituted vicar of Ashby de la Launde. The vicarage is described.*]

ESSEBY EORUNDEM.—Willelmus de Oustorp, capellanus, presentatus per dictos Magistrum et fratres ad perpetuam vicariam ecclesie de Esseby, est admissus, et in ea canonice vicarius perpetuus institutus ; que sic ordinata est : scilicet, idem Willelmus habebit et tenebit totum altaragium tota vita sua cum tofto, reddendo inde annuatim predictis Magistro et fratribus duas marcas argenti ; post obitum, vero, dicti Willelmi, successores ipsius tenebunt nomine vicarie totum altaragium, cum predicto tofto, ita quod nichil inde reddent ; et Templarii procurabunt hospitium Archidiaconi, et sustinebunt cetera onera tam ordinaria quam extraordinaria, tam tempore dicti Willelmi quam successorum ipsius, preter sinodalia que ipse W. et successores sui solvent tantummodo in perpetuum. Et erit vicaria v marcarum.

[*Richard, chaplain, presented by the Templars, is instituted vicar of Rowston. Three parts of the church belong to the Temple ; of the fourth W. de Brancewell is rector.*]

ROUESTONE.—Tres partes illius ecclesie sunt dictorum Magistri et fratrum Militie Templi, et Magister Willelmus de Brancewell est rector quarte partis. Consistit, igitur, vicaria in altaragio totius ecclesie, et in decima garbarum de tribus bovatis terre de dominio Galfridi filii Emme in eadem villa, ex parte scilicet dictorum Templariorum, et in decima garbarum unius bovate terre ex parte Magistri W. de Brancewell. Ricardus, capellanus, ad dictam vicariam, ad presentationem dictorum Magistri et fratrum, est admissus, et in eadem vicarius perpetuus institutus, reddendo inde annuatim tantummodo synodalia ; et predicti fratres et Magister W. de Brancewell proportionaliter procurabunt hospitium Archidiaconi, et cetera onera tam ordinaria quam extraordinaria in perpetuum sustinebunt. Et est vicaria lx solidorum.

[*Roger de Golkesby, chaplain, presented by the same, is instituted vicar of Goulceby· The vicarage is described.*]

GOLKESBY EORUNDEM.—Rogerus de Golkesby, capellanus, presentatus per dictos Magistrum et fratres ad perpetuam vicariam ecclesie de Golkesbi, est admissus ; que consistit in toto altaragio et in decimis garbarum trium bovatarum terre de feudo Nicholai de Catedal' in eadem villa ; et Templarii procurabunt hospitium Archidiaconi, et cetera onera tam ordinaria quam extraordinaria sustinebunt preter sinodalia, que vicarius solvet tantummodo annuatim, et providebunt de tofto. Et est tunc vicaria lx solidorum.

[*A mediety of Willoughton belongs to the same.*]

WILEGHETON medietas eorundem.

———

[*Robert, chaplain, presented by the Prior and Convent of Thurgarton, is instituted vicar of Kirkby Green. The vicarage is described.*]

KIRKEBY QUE EST PRIORIS ET CONVENTUS DE THURGARTON.—Robertus, capellanus, presentatus per Priorem et conventum de Thurgarton ad perpetuam vicariam ecclesie de Kirkeby, est admissus; et in ea canonice perpetuus vicarius institutus; que consistit in toto altaragio cum tofto assignando, et in decimis garbarum triginta et unius bovatarum terre, eodem modo quo Augustinus tenuit in vita sua ; et Prior et conventus predicti procurabunt hospitium Archidiaconi, et cetera onera sustinebunt preter sinodalia, que vicarius tantummodo solvet annuatim.

[*Richard Macer, presented by the said Prior and Convent, is instituted vicar of Scopwick. The vicarage is described.*]

SCAPEWIC QUE EST EORUNDEM.—Magister Ricardus Macer, presentatus per dictos Priorem et conventum ad perpetuam vicariam ecclesie de Scapewice, est admissus, et in ea canonice perpetuus vicarius institutus ; que consistit in toto altaragio cum tofto assignato, et in una marca in certa portione assignanda; et ipsi Prior et conventus procurabunt hospitium Archidiaconi, et cetera onera sustinebunt preter sinodalia, que vicarius solvet tantummodo annuatim. Et est vicaria v marcarum. Vicarius habebit toftum proximum juxta toftum Mathei, clerici, versus austrum.

———

[*Hugh Ruffus is vicar of Timberland.*]

TIMBLOND.—Magister Hugo Ruffus habet nomine vicarie tertiam partem totius ecclesie, et sustinet omnia onere. Et est vicaria sex marcarum et eo amplius.

*Ralph de Hauton, chaplain, presented by the Abbot and Convent of Bardney, is instituted vicar of Barton-on-Humber. The vicarage is described.*]

BARTHONA QUE EST ABBATIS ET CONVENTUS DE BARDEN'.—Ralph de Hauton, capellanus, presentatus per Abbatem et conventum de Barden' ad perpetuam vicariam ecclesie de Barthona, est admissus, et in ea canonice perpetuus vicarius institutus ; que consistit in toto altaragio ; reddendo inde annuatim quatuor marcas argenti dictis Abbati et conventui ; et vicarius habebit capellanum socium, et solvet annuatim tantummodo sinodalia, et ipsi Abbas et conventus procurabunt hospitium Archidiaconi, et cetera onera sustinebunt.　Et est vicaria vj marcarum et eo amplius.

[*Nothing is known of the ordination of Bardney.*]

BARDEN est ordinata de novo per Episcopum, sed nescitur quomodo.

[*Edlington is of ancient ordination.*]

EDLINTONE antiquitus est ordinata similiter.

[*Skendleby and Steeping are of ancient ordination.*]

SKENDELBY ET STEPPINGES, que sunt dictorum Abbatis et conventus de Barden', antiquitus sunt ordinate.

———

[*Walter de Burgo, chaplain, presented by the Prior and Convent of Shelford, is instituted vicar of a mediety of Rauceby. The vicarage is described.*]

ROWORB'.—Walterus de Burgo, capellanus, presentatus per Priorem et conventum de Schelford ad perpetuam vicariam medietatis ecclesie de Rouorb', est admissus, et in ea canonice vicarius perpetuus institutus ; que consistit in toto altaragio medietatis cum competenti manso assignando, excepta terra ad ecclesiam pertinente ; reddendo inde annuatim dictis Priori et conventui de Schelford xx solidos, scilicet ad Pascha decem solidos, et ad festum Sancti Michaelis decem solidos ; et ipsi Prior et conventus procurabunt hospitium Archidiaconi, et omnia alia onera sustinebunt preter sinodalia, que vicarius solvet tantummodo annuatim.　Et est vicaria v marcarum.

[*A mediety of Leasingham belongs to the Convent of Shelford, and William de Brancewell has long been vicar.*]

LEUESINGEHAM medietas est dictorum Prioris et conventus de Schelford ; cujus medietatis Magister Willelmus de Brancewelle est vicarius ex multo tempore.

### ECCLESIE ORDINIS DE SEMPINGHAM.

[*Gilbert de Sempingham, presented by the Master and Convent of Sempringham, is instituted vicar of Sempringham. The vicarage is described.*]

SEMPINGHAM.—Gilbertus de Sempingham, presentatus per Magistrum et conventum de Sempingham ad perpetuam vicariam ecclesie de Sempingham, est admissus, et in ea canonice vicarius perpetuus institutus; que sic ordinata est : vicarius habebit nomine vicarie undecim quarteria frumenti pacabilis ad terminos rationabiliter statuendos, et habebit duos panes servientium singulis diebus per annum ad opus garcionis sui. Similiter habebit die Omnium Sanctorum j*d.*, die Natalis iij*d.*, die Pasche ij*d.*, die festi ecclesie j*d.* Habebit etiam secundum legatum suum, et pro corpore presenti j*d.*, pro sponsalibus j*d.* ; habebit, etiam, quindecim solidos argenti ad duos terminos anni; Prior, autem inveniet vicario equum quotienscumque iturus est ad capitulum vel ad synodum, sive ad cetera negotia ecclesie necessaria ; et Prior et conventus providebunt vicario de tofto competenti, et procurabunt hospitium Archidiaconi, et cetera onera tam ordinaria quam extraordinaria in perpetuum sustinebunt. Et est vicaria lx solidorum.

### PARS V.

[Mem. 5.]

[*Warinus, chaplain, presented by the same, is placed in charge as vicar of Stowe or Birthorp. The vicarage is described.*]

STOWE, BIRTHORPE.—(xv marcarum.) Warinus, capellanus, presentatus per dictos Priorem et conventum ad perpetuam vicariam dicte ecclesie, habet custodiam . . . . . . . . . . . . . que consistit in toto altaragio preter linum, cum tofto in quo capellanus manet ; et habebit de dictis Priore et conventu unum quarterium frumenti paccabilis annuatim ; reddendo inde annuatim dictis Priori et conventui duodecim denarios ; et ipsi Prior et conventus procurabunt hospitium Archidiaconi, et cetera onera tam ordinaria quam extraordinaria in perpetuum sustinebunt. Et est vicaria iiij marcarum.

[*Roger de Pikeworth, chaplain, presented by the said Prior and Convent, is instituted vicar of Laughton. The vicarage is described.*]

LECTON.—(x marcarum.) Rogerus de Pikeworth, capellanus, per dictos Priorem et conventum ad perpetuam vicariam dicte ecclesie presentatus, est admissus, etc. ; que consistit in toto altaragio preter linum, cum tofto assignando ; reddendo inde annuatim dictis Priori et conventui dimidiam marcam ; et ipsi Prior et conventus procurabunt hospitium Archidiaconi, et cetera onera tam ordinaria quam extraordinaria in perpetuum sustinebunt.   Et est vicaria iiij marcarum.

[*The vicarage of Billingborough is described.*]

BILLINGBURG.—(xiv marcarum.)  Jamdudum est ordinata sic: vicarius habebit totum altaragium et totam terram ad eandem ecclesiam pertinentem, cum domibus et aliis pertinentiis omnibus et libertatibus suis in pratis, pascuis, et in pasturis et turbariis ; et residentiam faciet in eadem ecclesia in propria persona, et in officio sacerdotali ministrabit.   Moniales vero de Sempingham percipient integre decimas garbarum ; et solvent sinodalia et facient hospitium Archidiacono, et omnia alia onera ecclesie sustinebunt.   Valet autem tota ecclesia xiiij marcas ; vicaria v marcas et dimidiam, et ordinata est per Magistrum Reginaldum de Cestria, tunc Officialem.

[*Thomas de Kirkeby, chaplain, presented by the said Prior and Convent of Sempringham, has charge of Kirkby la Thorpe.   The vicarage is described.*]

KIRKEBY SANCTI PETRI.—(xv marcarum.)   Thomas de Kirkeby capellanus, presentatus per dictos Priorem et conventus de Sempingeham ad perpetuam vicariam dicte ecclesie, habet custodiam ; que consistit in toto altaragio preter linum ; solvendo inde annuatim domui de Sempingeham decem solidos ; et ipsi Prior et conventus procurabunt hospitium Archidiaconi, et cetera onera tam ordinaria quam extraordinaria in perpetuum sustinebunt, et providebunt de tofto.   Et est vicaria iiij marcarum.

----

[*Geoffrey de Anecaster, chaplain, presented by the Prior and Convent of Malton, Yorks., is admitted vicar of Ancaster.   The vicarage is described.*]

ANECASTRE.—(xx marcarum.)   Galfridus de Anec', cappellanus, [presentatus] per Priorem et conventum de Mealton ad perpetuam vicariam dicte ecclesie de Anecastre, est admissus, etc. ; que consistit in toto altaragio cum tofto assignando ; solvendo annuatim domui de Mealton viginti solidos, et ipsi Prior et conventus procurabunt hospitium Archidiaconi, et cetera onera tam ordinaria quam extraordinaria in perpetuum sustinebunt.   Et est vicaria v marcarum.

----

[*Roger, chaplain, presented by the Prior and Convent of Cattley, is instituted vicar of Billinghay.   The vicarage is described.*]

BILLINGEHE.—(xvi marcarum.)   Rogerus, capellanus, presentatus per Priorem et conventum de Cattele ad perpetuam vicariam dicte ecclesie est admissus, et in eadem, etc.; que consistit in toto alteragio cum tofto assignando preter linum et primum legatum ; et ipsi Prior et conventus procurabunt hospitium Archidiaconi, et cetera onera tam ordinaria quam extraordinaria in perpetuum sustinebunt. Et est vicaria fere quinque marcarum.

[*Geoffrey de Diggeby, chaplain, presented by the aforesaid Prior and Convent of Cattley, is instituted vicar of Digby. The vicarage is described.*]

DIGGEBY.—(xii marce.) Galfridus de Diggeby, capellanus, presentatus per dictos Priorem et conventum de Cattele ad perpetuam vicariam dicte ecclesie admissus et in eadem, etc.; que consistit in toto altaragio preter linum et primum legatum ; et ipsi Prior et conventus procurabunt hospitium Archidiaconi, et cetera onera in perpetuum sustinebunt. Et est vicaria iiij marcarum.

[*The vicarage of Anwick is described.*]

ANEWIC jamdudum est ordinata nescitur quando vel per quem ; consistit in toto altaragio et in decimis unius bovate terre in villa Amewic et in j bovata terre arrabilis cum duobus toftis in eadem villa. Prior respondebit ut supra et valet vicaria [*blank*] aliter ordinata est per Magistrum R. de Cestr' tunc Officialem ut in rotulo cartarum anni noni a tergo.

———

[*Ralph de Westburg, chaplain, presented by the Priors and Convents of Haverholme and Shelford, is instituted vicar of Dorrington. The vicarage is described.*]

DURINTON.—(xij marce.) Radulphus de Westburg, capellanus, presentatus per Priores et conventus de Haverholme et de Schelford ad vicariam dicte ecclesie, habet custodiam, que sic ordinata est : vicarius habebit ex parte de Haverholm et ex parte Schelford totum alteragium preter medietatem lini ex parte de Haverholm. Item, ex parte de Haverholm habet vicarius unam bovatam terre arabilis, et ex parte de Schelford unum toftum, cum crofto quod pertinet ad suam medietatem dicte ecclesie, quod toftum cum crofto equipollet bovate terre arabilis date ex parte de Haverholm ; et ipsi Priores et conventus proportionaliter procurabunt hospitium Archidiaconi, et cetera onera tam ordinaria quam extraordinaria in perpetuum sustinebunt. Et est vicaria iiij marcarum.

———

[*John, chaplain, presented by the Prior and Convent of the Hospital at Lincoln, is instituted vicar of Bracebridge. The vicarage is described.*]

BRASCEBRIG.—(xx marcarum.) Johannes Caiphas, capellanus, presentatus per Priorem et conventum Hospitalis Lincolnie ad perpetuam vicariam dicte ecclesie, est admissus et in eadem, etc.; que consistit in toto alteragio, reddendo annuatim canonicis dicti Hospitalis tres marcas et dimidiam; et ipsi Prior et conventus procurabunt hospitium Archidiaconi, et cetera onera tam ordinaria quam extraordinaria in perpetuum sustinebunt. Habet nunc vicarius toftum versus orientalem partem ecclesie pertinens ad eandem ecclesiam. Et est vicaria fere vj marcarum.

[*Alan de Canewic, chaplain, presented by the said Prior and Convent, is instituted vicar of Canwick. The vicarage is described.*]

CANEWIC.—(xx marcarum.) Alanus de Canewic, capellanus, presentatus per dictos Priorem et conventum Hospitalis Lincolnie, ad perpetuam vicariam dicte ecclesie est admissus; et in eadem, etc.; que consistit in toto alteragio, et in sex acris terre arabilis in campis de Brascebrig, cum quodam tofto proximo ecclesie de Canewic ex parte aquilonari et in quodam alio tofto versus australem partem ecclesie, ad curtillagium vicarii faciendum. Et est vicaria iiij marcarum, et eo amplius. Prior respondebit ut supra.

———

[*Alford with Rigsby was ordained long since.*]

AUFFORDE CUM RIGGESB' jamdudum ordinata est, videlicet per Magistrum R. de Cestr', tunc Officialem, ut in rotulo cartarum anni noni a tergo.

———

[*William de Lufford, chaplain, presented by the Prior and Convent of Sixhills, is instituted vicar of Ludford Magna. The vicarage is described.*]

MAGNA LUFFORD—(xxv marcarum.) Willelmus de Lufford, capellanus, presentatus per Priorem et conventum de Sixle ad perpetuam vicariam dicte ecclesie, est admissus, et in eadem, etc., que consistit in toto alteragio preter linum, reddendo annuatim dictis Priori et conventui sex marcas; et ipsi Prior et conventus procurabunt hospitium Archidiaconi, et cetera onera tam ordinaria quam extraordinaria in perpetuum sustinebunt, et providebunt vicario de tofto competenti. Et est vicaria sex marcarum.

[*Gilbert de Sixle, presented by the Prior and Convent of Sixhills, is instituted vicar of Sixhills. The vicarage is described.*]

SIXLE.—(xii marcarum.) Gilbertus de Sixle, capellanus, presentatus per dictos Priorem et conventum de Sixle ad perpetuam